Lenz · 1000 Sachen zum Lachen

Nikolaus Lenz

1000 Sachen zum Lachen

Loewe

ISBN 3-7855-2784-5 – 2. Auflage 1996
© 1995 by Loewe Verlag GmbH, Bindlach
Umschlagillustration: Brian Bagnall
Umschlaggestaltung: Creativ GmbH Kolb, Leutenbach
Satz: DTP im Verlag

Inhalt

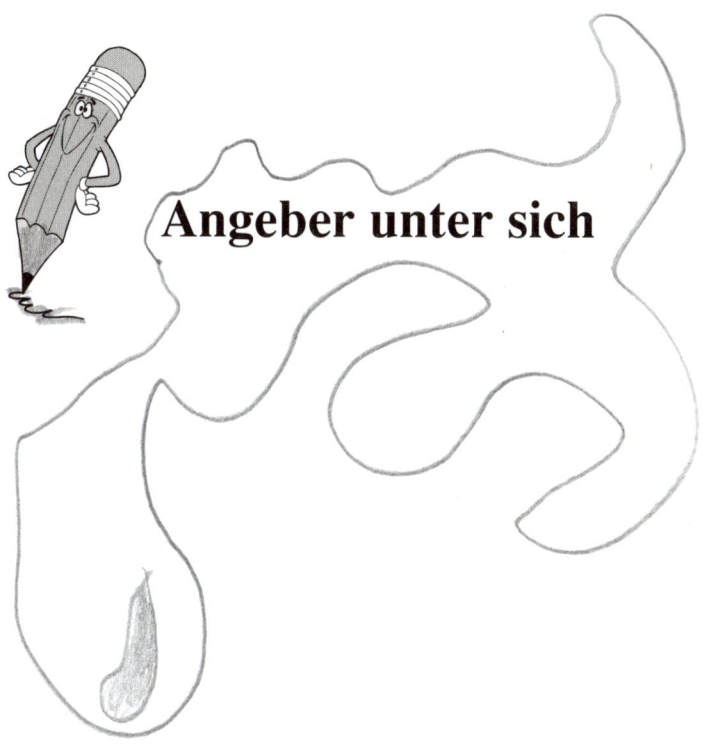

Angeber unter sich

„Früher war ich mal im Zirkus", erzählt Heiner.
„Ich hatte eine tolle Nummer!"
„Was für eine Nummer?" will Holger wissen.
„Ich habe vom 10-Meter-Turm einen Kopf-
sprung auf einen nassen Badeschwamm gemacht.
Dabei hatte ich einen Unfall und habe mir fast
alle Knochen gebrochen."
„Wie denn das?"
„Irgendein Idiot hat vorher den Schwamm ausge-
drückt!"

„Stell dir vor, gestern bin ich aus dem Schlaf-
zimmerfenster gefallen!"
„Unglaublich! Und du lebst noch?"
„Warum nicht? Wir wohnen doch in einem Bun-
galow."

„Da hat man mich also in die Polizeizelle ge-
worfen", erzählt Hugo in der Kneipe. „Die Hände am Rücken gefesselt. Fast aussichtslos, die
Lage. Und was mache ich? Streife die Schuhe ab,
streife die Socken ab, stecke die große Zehe in
das Schlüsselloch, drehe sie um, und ZACK!"
„Was, Hugo, du hast das Schloß gebrochen?"
„Nein", sagt Hugo, „die große Zehe."

„Ihr Jungen haltet ja überhaupt nichts mehr
aus", sagt der alte Geselle zu den Azubis.
„Gleich macht ihr schlapp. Als ich Lehrling war,

da war alles noch ganz anders. Da hieß es Zu-
packen. Wenn nötig, 25 Stunden am Tag!"
„Kommen Sie schon, der Tag hat doch nur 24
Stunden."
„Weiß ich, weiß ich", brüstet sich der alte Geselle. „Wir haben eben eine Stunde früher angefangen!"

„Na, was sagst du zu meinem neuen Hemd?"
fragt Heiner. „Fällt dir was auf?"
„Nichts Besonderes", sagt Holger.
„Na hör mal", sagt Heiner, „so ein Hemd hat
nicht jeder. Es ist fliederfarben!"
„Aber es ist doch blütenweiß!" sagt Holger.
„Ignorant!" ruft Heiner beleidigt. „Noch nie was
von weißem Flieder gehört?"

Der Bürgermeister gibt ein großes Bankett. Herr
Pimpfl hat auch eine Einladung. Er macht sich
fein. Sein Tischnachbar ist ein Afrikaner. Herr
Pimpfl ist ein freundlicher Mann, und als die
Speisen aufgetragen werden, wendet er sich an
den schwarzen Mann und sagt: „Na? Hamham
gut?
Nun werden die Weine kredenzt, und Herr
Pimpfl sagt zu seinem schwarzen Nachbarn:
„Gluckgluck gut?"
Dann kommen die Reden. Und auch der Afrika-
ner erhebt sich.

„Verehrte Anwesende", sagt er, „möge sich die Zusammenarbeit zwischen unseren Regionen auf das gedeihlichste entwickeln. Und möge dieser Abend dazu dienen, gegenseitige Mißverständnisse und Vorurteile abzubauen!"

Dann kehrt er auf seinen Platz zurück, setzt sich und fragt Herrn Pimpfl:

„Na? Blabla gut?"

Ein Irrer guckt beim Fenster der Nervenheilanstalt hinaus, und was sieht er? Einen Mann, der unten am Fluß seine Angel auswirft. Und wartet. Und die Leine wieder einholt. Und wieder auswirft. Und wieder wartet.

„Hallo Sie da", ruft der Irre, „wie heißt denn das, was Sie da machen?"

„Ich angle", ruft der Angler zurück und wirft die Leine wieder aus.

„Aha", sagt der Irre, „und wie lange machen Sie das heute schon?"

„Na, so um die fünf Stunden!"

„Wissen Sie was", ruft da der Irre. „Kommen Sie doch rein. Wir haben noch Plätze frei."

Der Großwildjäger führt seine Gäste in den Salon und deutet auf einen mächtigen ausgestopften Löwenkopf über dem Kamin.

„Diesen prächtigen Burschen da wollte ich eigentlich gar nicht erlegen", brüstet sich der Jäger.

„Aber als wir uns dann in der Steppe Aug' in
Aug' gegenüberstanden, da hieß es: Entweder er
– oder ich! – Und so schoß ich."
„Das war eine richtige Entscheidung", sagt der
Gast. „Ihr Kopf hätte sich auf dem Kamin längst
nicht so gut gemacht!"

In der Kneipe sitzt ein älterer Herr mit einer ge-
waltig großen Nase; ihm gegenüber ein Jüngling,
der den Mann mit der Nase unverschämt frech an-
starrt.
„Ist was?" fragt der Herr mit der Nase.
„Na", lacht der Jüngling, „ich frage mich die
ganze Zeit, wie Sie zu Ihrer Rübe im Gesicht gekommen sind!"
„Kann ich dir sagen", sagt der Herr mit der Nase.
„Als Gott der Herr einstmals die Nasen an die
Menschen verteilt hat, da waren wir beide die
letzten in der Reihe. Und es gab nur noch zwei
Nasen: eine große und eine kleine. Ich habe natürlich sofort nach der kleinen Nase gegriffen –
und sie ist mir sofort wieder aus der Hand gerutscht. Da habe ich die große genommen."
„Und warum ist sie aus der Hand gerutscht?"
fragt der Jüngling.
„Die kleine Nase", sagt der Herr, „war 'ne Rotz-
nase."

Zwei Schriftsteller unterhalten sich.
„Normalerweise sprudeln die Ideen aus mir nur so heraus", sagt der eine. „Selten, ganz selten kann es vorkommen, daß mir absolut nichts Gescheites einfällt."
„Stimmt", sagt der andere. „Genau dieses Buch habe ich gelesen."

McKnauser ist so sparsam, wie je nur ein Schotte war. Und auch beim Zugfahren will er so billig wie möglich davonkommen. Was bedeutet – er hat wieder kein Billet gekauft.
„Keine Fahrkarte?" sagt der Schaffner im Zug. „Mein Herr, das wird etwas teurer!"
Doch McKnauser stellt sich taub. Er denkt nicht daran, irgend etwas zu zahlen. Da packt den Schaffner die Wut. Er nimmt den Koffer und hängt ihn beim Fenster hinaus.
McKnauser bricht sein Schweigen. „So eine Gemeinheit!" schreit er. „Zuerst will man mich ausrauben. Und dann noch meinen kleinen Sohn aus dem Fenster werfen!"

„Eigentlich sind Sie ja ein brauchbarer Mann", sagt der Vorgesetzte zum Soldaten. „Und wenn Sie nicht dauernd besoffen wären, könnten Sie es leicht zum Offizier bringen."
„Ach wissen Sie", sagt der Soldat, „wenn ich besoffen bin, da bin ich sogar General!"

Im Wilden Westen. Cowboy Jim ist vom Pferd
gefallen, hat sich das Bein gebrochen und liegt
mutterseelenallein in der weiten Prärie. Der Gaul
ist auch durchgegangen, und Jim ist völlig hilflos. Da kommt ein stolzer Indianer, bringt ihm
Wasser und verbindet ihm das Bein.

,,Wie ist dein Name?" fragt Jim seinen Retter.

,,Mein Name", verkündet der stolze Indianer,
,,mein Name lautet: Stolzer-Adler-mit-mächti-
gen-Schwingen-der-bei-Sonnenuntergang-auf-
die-Erde-stürzt."

,,Ach", sagt Jim, ,,und wie nennen dich deine Eltern?"

,,Meine Eltern nennen mich Plumps."

Opa Homann feiert seinen 99sten Geburtstag.
Der Reporter vom Kreisboten macht ein Interview mit dem rüstigen Greis.

,,Unsere Leser wollen sicher wissen, was das Ge-
heimnis Ihrer erstaunlichen Gesundheit und Fri-
sche ist."

,,Ganz einfach", sagt Opa Homann. ,,Ich stehe
vom Bett auf, sobald der erste Sonnenstrahl in
mein Schlafzimmer fällt."

,,Toll!" sagt der Reporter. ,,Ein echter Frühauf-
steher also!"

,,Keineswegs", sagt Opa Homann. ,,Meine Fenster gehen nach Westen."

„In Wirklichkeit", erklärt das mickrige Männchen, „in Wirklichkeit bin ich gebaut wie Arnold Schwarzenegger!"

„Ach", fragt der Wirt, „und warum sind Sie das nicht?"

„Tja", sagt das mickrige Männchen, „man hat mich kurz nach der Geburt auf der Entbindungsstation vertauscht."

„Entschuldigen Sie, Herr Schwerlich", sagt der Nachbar, „ich habe Sie neulich in einem riesigen Kranwagen gesehen. Kann das sein?"

„Natürlich", sagt Herr Schwerlich. „Ich habe einen neuen Job. Ich bin Rausschmeißer in einem Kino."

„Und dazu brauchen Sie einen Kranwagen?"

„Klar", sagt Herr Schwerlich. „Es ist ein Autokino."

Anton bewirbt sich um einen neuen Job.

„Und ich sag' Ihnen doch", beschwört er den Direktor der Firma, „ich bin der perfekte Nachtwächter!"

„Woher wollen Sie das wissen?"

„Beim kleinsten Geräusch werde ich wach!"

Herr und Frau Blödel gehen heute mal ganz fein aus. Aber beim Essen im Restaurant gibt es gewisse Schwierigkeiten.

„Verflixt noch einmal!" schimpft Herr Blödel.
„Diese blöden Erbsen rollen mir dauernd vom
Messer runter!"
„Pssst", zischt Frau Blödel. „Hast du denn keine
Manieren. Wozu gibt es denn einen Löffel? Mit
dem muß man die Erbsen vorher flach klopfen!"

Otto hat von seiner Amerikareise eine Pfeife
mitgebracht. Jetzt zeigt er sie einem Experten im
Museum für Völkerkunde.
„Das ist eine original indianische Friedenspfei-
fe", erzählt er seinem Freund voller Stolz. „Sie
stammt von Sitting Bull persönlich. Ich habe die
Pfeife von einem uralten Indianer gegen meinen
Fotoapparat getauscht. Nur, was diese Inschrift
bedeutet, das wußte der Alte auch nicht zu sa-
gen."
Der Fachmann nimmt die Pfeife und studiert die
Schriftzeichen.
„Na, was steht denn da?" fragt Otto aufgeregt.
„Da steht", sagt der Experte, „Warnung des Ge-
sundheitsministers. Rauchen gefährdet Ihre Ge-
sundheit."

Drei Zwerge streiten. Jeder von ihnen behauptet, den kleinsten Vater zu haben.
„Mein Vater", ruft Zwerg Bumsti, „ist so klein,
daß er sich den Kopf ständig an der Tischplatte
stößt!"

„Das ist noch gar nichts", sagt Zwerg Lumpfi, „mein Vater ist so klein, daß er unter dem Stuhl durchlaufen kann!"

Zwerg Schrumpfi ist ganz still. Dann sagt er traurig: „Und mein Vater hat sich das Bein gebrochen."

„Das tut uns leid", sagen Bumsti und Lumpfi, „aber mit unserer Frage hat das nichts zu tun."

„Doch", sagt Schrumpfi. „Er ist beim Erdbeerpflücken von der Leiter gefallen."

Herr Mehlmann und Herr Bolle machen eine Fotosafari in Afrika. In der Serengeti-Steppe schlagen sie ihr Nachtlager auf. Dann packt Herr Mehlmann seinen Fotoapparat, sein Blitzlicht und krabbelt aus dem Zelt. „Jetzt werde ich mal ein paar Hyänen fotografieren", sagt er. „Diese Biester jagen nämlich in der Nacht."

„Bist du verrückt?" sagt Herr Bolle. „Das schaffst du nie. Die fressen dich vorher auf!"

„Wetten wir um 1 000 Mark", sagt Herr Mehlmann, „daß ich mit Fotos von Hyänen zurückkomme?"

„Einverstanden", sagt Herr Bolle.

Eine Stunde später scharrt es am Zelt. Herr Bolle schaut hinaus. Vor ihm steht ein Rudel Hyänen.

„Schöne Grüße von Ihrem Kollegen", sagt die größte der Hyänen. „Sie haben eben 1 000 Mark geerbt."

Ein Tourist kommt zum erstenmal nach Texas.
Neugierig betritt er den Saloon.

„So etwas", sagt er zum Barkeeper, „so dick Sägespäne auf dem Boden!"

„Wissen Sie", sagt der Barkeeper, „heute sind es
Sägespäne. Gestern, vor der Keilerei, waren es
noch Tische."

„Die Wohnungen bauen sie auch immer kleiner!" schimpft Herr Schüble im Wirtshaus.

„Unser neues Wohnzimmer ist so eng, daß der
Hund mit seinem Schwanz auf und ab wedeln
muß!"

„Das ist noch gar nichts", sagt Herr Männle.

„Unser Schlafzimmer ist so klein, daß wir einen
Nachttopf brauchen mit dem Henkel nach innen!"

„Mein Mann ist so dick", klagt Frau Blaff, „daß
er einen Schuhlöffel braucht, um ins Auto einzu-
steigen."

„Das ist noch gar nichts", sagt Frau Ruff. „Meiner ist so fett, daß man ihn gar nicht angucken
kann, ohne ein Stück Brot dazu zu essen."

Ein blasser Jüngling betritt den Tabakladen und
schaut sich fachmännisch um. Dann deutet er auf
ein Kistchen mit dicken, dunklen Zigarren. „Die
nehme ich!" sagt er.

„Diese Zigarren sind aber ziemlich schwer", sagt der Verkäufer zweifelnd.

„Macht nichts", sagt der junge Mann. „Ich bin mit dem Wagen da."

Ein Fremder kommt in die Kneipe, bestellt ein Bier und guckt sich um. Da sieht er in der Ecke ein winziges Männchen in kurzen Hosen und mit Fotoapparat hocken. So klein ist der Zwerg, daß er ohne Schwierigkeiten unter den Stühlen durchlaufen könnte.

„Wer ist denn das?" fragt der Fremde flüsternd.

„Das ist Karl", sagt der Wirt. „Der war voriges Jahr auf Urlaub im Kongo."

„Ja, aber ..."

Da wendet sich der Wirt dem winzigen Mann zu und ruft:

„Ach, Karl, komm doch mal her, und erzähl dem Herrn, wie du den Medizinmann einen verdammten Schwindler genannt hast!"

Frau Mehlmann geht auf dem Friedhof spazieren. Vor einem Grab bleibt sie stehen und liest die Inschrift auf dem Grabstein. Da steht:

„Hier ruht Fritz Nowak, ein erfolgreicher Kaufmann und ehrlicher Mensch."

Frau Mehlmann schüttelt den Kopf und sagt: „So was. Drei in einem Grab!"

Nähnadel und Stecknadel machen ein Wett-
schwimmen durch den Suppentopf. Stecknadel
gewinnt. Sagt Nähnadel: „Aber bloß, weil ich
Wasser im Öhr hatte!"

In der Anglerkneipe. Hermann blickt sich trium-
phierend um. „So einen Fang, wie ich gestern ge-
macht habe, so einen hat noch keiner von euch
gemacht!" ruft er in die Runde.
„Na, was hast du denn gefangen?" wollen die
Kumpels wissen.
„Einen alten Schuh", sagt Hermann.
„Einen Schuh, einen Schuh!" höhnen die Angler-
freunde.
„Jaaaa", ruft Hermann. „Aaaaaber: Größe 49!"

„Dieser Fallschirm hier ist absolut sicher", be-
tont der Verkäufer. „Er geht mit Garantie bei jedem Sprung auf. Und wenn er einmal nicht
aufgehen sollte, dann gibt es noch den kleinen Si-
cherheitsschirm."
„Aha", sagt der Kunde. „Und wenn der Sicher-
heitsschirm auch nicht aufgeht?"
„In diesem Fall", sagt der Verkäufer, „tauschen
wir ihn gerne um."

Im Stadtpark. Herr Brösel packt die Angel aus
und hängt sie in den Teich. Kommt ein Polizist
und ruft: „Können Sie nicht lesen? Hier steht

klar und deutlich: ‚Angeln verboten!' Das macht
50 Mark Bußgeld."
,,Klar kann ich lesen", sagt Herr Brösel. ,,Und
bezahlen tu' ich überhaupt nichts. Ich angle nämlich nicht. Ich bade meinen Wurm."
,,Ist in Ordnung, Sie Schlaumeier", sagt der Polizist. ,,Dann bezahlen Sie eben 100 Mark für
Nacktbaden. Ihr Wurm hat nämlich keine Hose
an."

Der Marktschreier preist die neue Super-Eieruhr
an. ,,Meine Damen und Herren", brüllt er, ,,die-
ses Wunderwerk der Technik läßt sich auf die Sekunde genau einstellen. Wenn die Zeit abge-
laufen ist, meldet es sich mit einem vergnügten
Gackern. Diese Eieruhr, meine Damen und Herren, ist stoß- und schlagfest. Mit anderen Worten:
Sie ist absolut unzerbrechlich!"
Und der Verkäufer hämmert mit der Eieruhr auf
den Tisch. Da zerbricht sie in zwei Teile.
Eine Sekunde lang verschlägt es dem Marktschreier die Sprache. Dann nimmt er die beiden
Hälften und ruft: ,,Und so, meine sehr verehrten
Damen und Herren, sieht die Super-Eieruhr von
innen aus!"

,,Stell dir vor", sagt Heiner, ,,wer gestern bei
mir angerufen hat: Thomas Gottschalk persönlich!"

„Ist ja irre!" sagt Holger. „Und was hat er gesagt?"
„Falsch verbunden."

„Ich brauche drei Stunden mit dem Jeep", prahlt
der Texaner, „um vom einen Ende meiner Ranch
zum anderen zu fahren!"
„Tja", sagt der Besucher, „so eine lahme Kiste
hatte ich früher auch mal."

Zwei Angeber in der Kneipe.
„Unsere Wohnung ist so feucht", sagt der eine,
„daß die Mäuse in der Falle Schwimmwesten an-
haben!"
„Das ist noch gar nichts", sagt der andere. „Un-
sere Wohnung ist so feucht, daß uns gar keine
Mäuse in die Falle gehen."
„Und warum nicht?"
„Weil da schon Fische drinnen sind!"

„Ich fahre ein dickes Auto und hab' immer einen
Haufen Geld in der Tasche!" prahlt der Mann in
der Kneipe.
„Tatsächlich", staunt der Wirt. „Was sind Sie
denn von Beruf?"
„Busfahrer."

Der neue Schüler ist ein fürchterlicher Angeber.
„In meiner alten Schule war ich der Star in der

Fußballmannschaft", brüstet er sich vor dem Sportlehrer. „Mittelstürmer, aber was für einer. Wieviel Tore, schätzen Sie, habe ich in meinem besten Spiel gemacht?"

„Ich schätze, halb so viel", meint der Lehrer.

„Halb so viel von was?" fragt der neue Schüler irritiert.

„Halb so viele Tore, wie du mir weismachen wolltest."

Heiner: „Ich würde so gerne wissen, wie lange ein Mensch ohne Hirn überleben kann!"

Holger: „Wie alt bist du denn schon?"

Hutzelmeiers machen Urlaub in Texas – dort, wo es noch richtige Cowboys gibt. Zum Andenken will sich Herr Hutzelmeier einen echten Cowboyhut kaufen und geht zu einem speziellen Laden. Er sieht, wie ein O-beiniger Cowboy mit einem nagelneuen Hut aus dem Laden kommt, ihn in den Staub schmeißt, wild darauf herumtrampelt und ihm einige böse Tritte versetzt. Schließlich hebt er ihn auf, klopft ihn am Bein ab und setzt ihn sich auf den Kopf.

„Können Sie mir das erklären?" erkundigt sich Herr Hutzelmeier beim Ladeninhaber.

„Nun", sagt der, „echte Cowboys haben es eben nicht gern, wenn man sieht, daß sie einen neuen Hut aufhaben!"

„Mein Gehirn arbeitet wie eine Maschine!"
„Ich weiß. Aber ein paar Schrauben sind locker."

Einen Berliner Schauspieler fragt der Reporter,
warum er denn überhaupt nicht mehr im Fernsehen zu sehen sei.
„Aus Gesundheitsgründen", gibt der Schauspieler zurück.
„Wieso denn das?" fragt der Reporter. „Ist Ihnen
schlecht geworden?"
„Mir nicht", sagt der Schauspieler. „Dem Publikum ..."

Holger: „Sag mal, wie findest du meinen neuen
Strohhut?"
Heiner: „Wie aus dem Kopf gewachsen!"

„Neulich habe ich einen tollen Film gesehen",
erzählt Heiner. „Eine junge Frau löst sich aus ihrer miserablen Beziehung zur Mutter. Sie geht in
eine Bergarbeiter-Kommune. Ihre Mutter spürt
sie auf und versucht, sie zu ermorden. Am
Schluß wird sie von einem Prinzen gerettet."
„Klingt toll", sagt Holger. „Wie heißt der Film?"
„Schneewittchen und die Sieben Zwerge."

An der Straßenecke steht ein Prediger und ruft:
„Tuet Buße! Das Ende der Welt steht vor der
Tür!"

Fragt Herr Mömmel neugierig: „Entschuldigen
Sie, seit wann machen Sie das?"
„Tja", sagt der Prediger und fängt an zu rechnen,
„seit ungefähr 30 Jahren."

„Mein Mann ist ein begeisterter Angler", erzählt Frau Wandel beim Kaffeekränzchen. „Gestern ist er sogar zum Eisfischen gegangen."
„Zum Eisfischen – wie macht man denn das?"
„Nun, man hackt eben ein Loch ins Eis und
hängt dann die Angelschnur hinein."
„Und hat Ihr Mann auch was gefangen?"
„Leider nicht. Der Platzwart vom Eisstadion hat
ihn verjagt!"

Maries Verlobung mit einem schottischen Arzt
ist in die Brüche gegangen.
„Das war auch besser so", erzählt sie ihrer Freundin. „Also, nie im Leben hätte ich für möglich
gehalten, daß Harry dermaßen knauserig sein
könnte."
„Wieso denn das?" fragt die Freundin.
„Erst wollte er seine Geschenke zurück", erzählt
Marie, „und gestern hat er mir eine Rechnung
über 44 Hausbesuche geschickt!"

Dumme Frage

„Hast du Löcher in den Socken?"
„Natürlich nicht!"
„Und wie ziehst du sie dann an?"

Wie kommt ein Elefant auf einen Baum?
Er stellt sich auf eine Eichel und wartet hundert
Jahre.

Wie kommt ein Elefant von einem Baum runter?
Er stellt sich auf ein Blatt und wartet auf den
Herbst.

Was machst du, wenn sich ein Elefant auf dein
Taschentuch gesetzt hat?
Warten, bis er wieder aufsteht.

Wo schlafen die Fische?
Im Flußbett.

Was haben Elefanten, was sonst kein einziges
Tier hat?
Elefantenbabys.

Was muß man tun, damit ein Elefant nicht
durch das Nadelöhr geht?
Man macht einen Knoten in den Rüssel.

Wie groß ist ein Elefant?
Welcher Elefant?

Ein großer Elefant!
Ein wie großer Elefant?

Wie bekommt man vier Elefanten in einen Golf?
Zwei vorne, zwei hinten.
Und wie bekommt man ein Nilpferd in einen
Golf?
Einen Elefanten raus, Nilpferd rein.

Wann haben Elefanten acht Beine?
Wenn sie zu zweit sind.

Was hat schwarze und weiße Streifen und dreht
sich andauernd?
Ein Zebra in einer Drehtür.

Warum konnten die Tomaten nicht Cowboy
und Indianer spielen?
Weil sie lauter Rothäute waren.

Warum nimmt der Landvermesser ein Lineal
mit ins Bett?
Er will wissen, wie lange er geschlafen hat.

Was ist schlimmer dran als eine Giraffe mit
Halsweh?
Ein Tausendfüßler mit Hühneraugen.

Warum haben Kühe Hörner?
Nur für den Fall, daß die Glocke nicht funktioniert.

Was ist jemand, der in Europa zur Welt kam, in
Australien aufwuchs und in Amerika starb?
Tot.

Wann ist es erlaubt, einem Mann ins Gesicht zu
spucken?
Wenn sein Bart brennt.

Was hat vier Beine, einen Schwanz, grüne Augen und kann fliegen?
Eine tote Katze.

Was wird jemand, den man mit Wasser aus dem
Roten Meer anspritzt?
Naß.

Wie machen Skelette Körperpflege?
Erst schmirgeln, dann polieren.

Vor welchem Tier hat sogar der große alte Löwe
Angst?
Vor der großen alten Löwin.

Was passiert, wenn Licht in einem Winkel von
45 Grad ins Wasser fällt?
Dann geht es aus.

Was bekommt man, wenn man eine Taube mit einem Papagei kreuzt?
Eine Brieftaube, die nach dem Weg fragen kann.

Was ist der Unterschied zwischen einem Stummfilm, einem Radio und dem Taschengeld?
Vom Stummfilm hört man nichts, vom Radio sieht man nichts, und vom Taschengeld hört und sieht man nichts.

„Sag mal, Heiner, warum ziehst du denn dieses Seil hinter dir her?"
„Dumme Frage", sagt Heiner, „weil Schieben nicht funktioniert."

Kellner: „Wünschen der Herr Rotwein oder Weißwein zum Menü?"
Gast: „Ist mir piepegal. Ich bin farbenblind."

Wie heißen die beiden jugendlichen Ausreißer, die eine einsame alte Dame bei lebendigem Leib verbrannt haben?
Hänsel und Gretel.

„Ich habe furchtbare Probleme mit meinen Zähnen", beklagt sich der alte Herr auf der Parkbank bei seinem älteren Nachbarn. „Immer diese Schmerzen in der Nacht. Kaum jemals, daß ich wirklich durchschlafen kann!"

„Ich habe keine Schwierigkeiten mit meinen Zähnen", sagt der noch ältere Herr. „Und schon gar nicht in der Nacht."
„Und wie stellen Sie das an?" fragt der alte Herr.
„Ach wissen Sie", sagt der noch ältere Herr, „meine Zähne und ich, wir schlafen getrennt."

„Mami, ich drehe mit Storch eine Runde!" ruft Emil.
„Wer ist denn Storch?" fragt die Mutter.
„Na, mein Fahrrad", meint Emil.
„Warum sagst du denn Storch dazu?"
„Weil es schon so klappert."

„Papi", fragt Sebastian, „warum heulen die Präriekojoten in der Nacht?"
Papi denkt nach. Dann sagt er: „Weil es in der Prärie keine Bäume gibt."
„Und deswegen heulen sie?" sagt Sebastian erstaunt.
„Na ja", sagt Papi. „Es gibt keine Bäume. Es gibt nur lauter Kakteen!"

Im Berggasthof sitzt ein alter Tiroler mit Lederhose, Trachtenjanker und Gamsbarthut. Setzt sich ein Engländer zu ihm an den Tisch, holt die Zigaretten aus der Tasche und fragt:
„Are you smoking?"
„No", knurrt der Tiroler. „Trachtenanzug."

Zu wem sagte der Riese: „Na, zittere nur, aber
ich fresse dich trotzdem!"?
Zum Pudding.

Auf der Baustelle herrscht ein Höllenlärm. Zwei
Bauarbeiter unterhalten sich schreiend. „Sag
mal, Franz, du nimmst ja überhaupt keine Ohren-
schützer. Nicht einmal, wenn du mit dem
Preßlufthammer arbeitest. Wie hältst du denn das
aus?"
„Kein Problem", brüllt Franz zurück. „Da bin
ich von meinem früheren Beruf ganz andere Dinge gewohnt!"
„Was warst du denn früher?"
„Fahrer in einem Schulbus!"

Heiner: „Stell dir vor, gestern habe ich eine
Taube gesehen, die auf dem Kopf gestanden ist!"
Holger: „Toll. Und wo?"
Heiner: „Auf dem Kopf vom Schiller-Denkmal."

Ein als Cowboy verkleideter Kerl spaziert in der
Fußgängerzone auf und ab. Cowboyhut, rotes
Halstuch, Stiefel mit Sporen, sechsschüssiger Re-
volver im Gürtel.
„Erlauben Sie die Frage", will ein Polizist wis-
sen, „wer sind Sie denn?"
„Meine Freunde nennen mich Tex", knurrt der
Cowboy.

„Ach", sagt der Polizist, „dann sind Sie also aus Texas!"

„Nein", knurrt der Cowboy, „ich bin aus Louisiana!"

„Und warum nennt man Sie dann Tex?"

Der Cowboy erstarrt. „Soll es einer wagen", zischt er, „mich Louisi zu nennen!"

Ein Mann steht an der Straßenkreuzung und sieht sich hilfesuchend um. „Entschuldigen Sie bitte", fragt er einen Polizisten, „können Sie mir sagen, wie ich in den Tiergarten komme?"

„Weiß ich auch nicht", sagt der Polizist. „Aber versuchen Sie es doch mal mit lautem Bellen."

„Mami, warum hat unser Vati so wenig Haare auf dem Kopf?"

„Weil er so viel nachdenkt!"

„Mami, und warum hast du so viele Haare auf dem Kopf?"

„Sei still und geh spielen!"

Zwei Außerirdische landen in Ostfriesland. Sie klettern aus ihren fliegenden Untertassen, stapfen mühsam die Landstraße entlang und kommen an einem Briefkasten vorbei.

„Guten Tag", sagt der eine Außerirdische, „würden Sie uns bitte zu Ihrem Anführer bringen?"

„Was redest du denn mit dem da", herrscht ihn

der andere Außerirdische an. „Siehst du denn
nicht, daß das noch ein Kind ist?"

An der Tür klingelt es. Frau Pilschen macht auf.
Draußen steht ein brauner Mann mit einem Tur-
ban.
„Wer sind Sie denn?" fragt Frau Pilschen.
„Der neue Zeitungsausträger", sagt der Mann mit
dem Turban.
„Ach, und wo kommen Sie her?"
„Aus Pakistan", sagt der Mann mit dem Turban.
„Ganz schön weit", sagt Frau Pilschen, „für die
paar Zeitungen."

Der Förster wandert durch den dunklen Wald.
Kaum ein Sonnenstrahl bricht durch das Geäst.
Da sieht der Förster zwei kleine Gestalten mit
grünen Zipfelmützen, die auf einem alten Baum-
stumpf sitzen und sich ihre langen Bärte käm-
men. Er traut seinen Augen nicht. Langsam
nähert er sich.
„Wer ... wer ... wer seid denn ihr?" fragt der Förster.
Die Zwerge wenden sich um. „Na wer schon!"
ruft der eine Zwerg. „Die Sieben Zwerge natürlich!"
Verdutzt fragt der Förster: „Aber ... ihr seid doch
nur zwei?"
„Natürlich sind wir nur zwei", keift der andere

Zwerg. „Was glauben Sie, wie schwer man heute Personal bekommt!"

„Was hat dir denn dein Mann dieses Jahr zu Weihnachten geschenkt?" will Frau Müller von ihrer Freundin wissen.

„Ach, bloß ein Streichinstrument", antwortet Frau Meier.

„Ist ja toll!" ruft Frau Müller. „Ein Streichinstrument. Vielleicht eine Violine?"

„Nein", sagt Frau Meier.

„Eine Bratsche?"

„Nein."

„Ein Cello?"

„Nein", seufzt Frau Meier. „Es war ein Buttermesser."

Die kleine Inge ballt die Faust. „Wenn du rauskriegst", sagt sie zu ihrem Bruder, „wieviel Geld ich da drin versteckt habe, dann gebe ich dir die Mark."

„Vergiß es", sagt der Bruder verächtlich. „Wegen einer Mark zerbreche ich mir doch nicht den Kopf!"

„Was ist der Unterschied zwischen einem Fernsehsessel und einer Brennessel?"

„Keine Ahnung!"

„Ach. Noch nie in einer Brennessel gesessen?!"

Heiner kennt einen tollen Trick, wie man einen
Fremden dazu bringt, daß er einem in der Kneipe
ein Bier bezahlt. Und dieser Trick geht so:
Heiner setzt sich zu einem Fremden und erzählt:
„Neulich habe ich eine Bootsfahrt auf dem Nil
gemacht. Plötzlich merke ich, daß das Boot leckt.
Es sinkt tiefer. Und da sehe ich auch schon, wie
die Krokodile auf mich zuschwimmen. Ich schöp-
fe das Wasser mit der Hand aus dem Boot. Ver-
geblich."
Der Fremde hört gespannt zu.
„Immer mehr Krokodile. Sie sperren schon ihre
gräßlichen Mäuler auf. Das Boot sinkt immer tie-
fer. Wie soll ich das Wasser aus dem Boot schöp-
fen? Da nehme ich", erzählt Heiner, „ich neh-
me ... ich nehme ..."
Heiner macht eine Pause.
„Sagen Sie schon, was nehmen Sie?" sagt der
Fremde gespannt.
„Herr Wirt", sagt Heiner, „Ich nehme noch ein
Bier."

„Mami", fragt die kleine Susanne, „wenn uns
der liebe Gott das tägliche Brot bringt und der
Storch die kleinen Kinder – wozu brauchen wir
dann eigentlich Papi?"

„Und jetzt zur letzten, alles entscheidenden Frage an den Kandidaten", ruft der Quizmaster beim

Super-Glücksrad. „Sie haben drei Sekunden Zeit zum Nachdenken. Antworten Sie mit Ja oder Nein. Wenn Sie richtig antworten, gehören Ihnen 100 000 Mark. Die Frage lautet: Was ist der Unterschied?"

„Der Unterschied zwischen was?" fragt der Kandidat verwirrt.

„Tut mir leid", ruft der Quizmaster. „Helfen gilt nicht."

Lisa hat einen neuen Job in der Fabrik.
„Und", fragt Karin, „arbeitest du am Band?"
„Aber nein", sagt Lisa. „Wir dürfen frei herumlaufen."

Ernst ist bis über beide Ohren in Eva verknallt.
„Sag mir doch, wo du wohnst!" bettelt er.
„Sag' ich dir nicht", sagt Eva.
„Dann sag mir bitte deine Telefonnummer!"
„Sag' ich dir auch nicht!" sagt Eva.
„Bitte!" bettelt Ernst. „Wenigstens ungefähr!"

Jan hat schon eine echte Löwenmähne. Einfach zuviel des Guten. Deshalb geht er jetzt zum Friseur. Der nimmt seine größte Schere und schneidet drauflos. Dann hält er inne und sagt:
„Sind Sie eigentlich Skilangläufer?"
„Wie kommen Sie denn darauf?" fragt Jan.
„Weil ich eine Zipfelmütze gefunden habe."

Blümchens gehen in die Oper und kommen zu
spät. „Die Vorstellung hat schon begonnen", sagt
der Platzanweiser. „Ich lasse Sie ausnahmsweise
noch rein. Aber Sie müssen mir versprechen,
sehr leise zu sein!"
„Wieso das?" fragt Frau Blümchen. „Schlafen
denn schon alle?"

„Was guckst du denn so komisch?" fragt eine
Milchflasche die andere. „Ach laß mich", sagt
die andere. „Gestern hast du mich stehenlassen,
und jetzt bin ich sauer."

In der Konditorei.
Verkäufer: „Was wünschen Sie?"
Kunde: „Rumkugeln."
Verkäufer: „Bitte sehr, dort hinten liegt der Tep-
pich."

Anruf bei der Holzhandlung: „Ich brauche ein
Stück Holz mit einem Astloch. Haben Sie so et-
was da?"
„Tut mir leid", sagt der Holzhändler. „Wir füh-
ren kein Holz mit Astlöchern. Wozu brauchen
Sie denn so etwas?"
„Ich schnitze ein Schaukelpferd."
„Na schön, aber wozu das Astloch?" will der
Holzhändler wissen.
„Fürs Hinterteil."

„Ich würde so gerne mal ans Mittelmeer fahren", sagt Heiner. „Ich liebe Sandstrände. Aber ich halte einfach diese verdammten Mücken nicht aus!"

„Da habe ich ein gutes Mittel", meint Holger. „Schnaps."

„Schnaps?"

„Schnaps!" bestätigt Holger. „Du schüttest etwas Schnaps auf den Sand. Dann kommen die Mücken und lecken daran. Zuerst summen sie noch eine Weile, aber dann fangen sie an zu raufen und erschlagen sich gegenseitig mit den Sandkörnern!"

„Papi, geht deine Armbanduhr heute?"

„Natürlich!"

„Und wann kommt sie zurück?"

Was ist braun, haarig und trägt eine Sonnenbrille?

Eine Kokosnuß auf Urlaub.

„Ihr Ostfriesen seid tatsächlich das beste Publikum der Welt", sagt der Komiker nach seinem Auftritt. „Hier lachen die Leute über jeden Witz dreimal!"

„Wieso dreimal?" fragt der Reporter vom Ostfriesischen Kreisblatt.

„Einmal, wenn ich euch den Witz erzähle", sagt

der Komiker, ,,einmal, wenn ich euch den Witz
erkläre, und das drittemal, wenn ihr ihn versteht.''
,,Hahaha'', lacht der Reporter. ,,Und was ist daran so witzig?''

Der Dummkopf betritt den Baumarkt und verlangt zwölf Dutzend Glühbirnen.
,,Und jetzt bitte noch so einen Ausschalter'', sagt
der Dummkopf und zeigt auf die Hämmer.

,,Ist dieser Computer auch wirklich zuverläs-
sig?'' will der Kunde wissen.
,,Wie ein Bergkamerad'', sagt der Verkäufer.
,,Wieso denn das?'' fragt der Kunde.
,,Wenn man ein falsches Kommando eingibt,
stürzt er ab.''

Die kleine Marie ist bei Oma zu Besuch. Gemeinsam besuchen sie den Friedhof, und Oma
muß ihrer Enkelin die Grabinschriften vorlesen.
Marie hört eine Weile aufmerksam zu, und dann
fragt sie: ,,Oma, sag mal, wo sind eigentlich die
bösen Leute begraben?''

Was ißt der Elektriker zu Mittag?
Kabelsalat.

Im Iglu. Eine Eskimomutter singt ihrem Töchter-
chen ein Kinderlied vor.

,,I bin a kloans Binkerl, und stell mi ins Winkerl, und weil i nix kann, drum fang i nix an!"
,,Mami", sagt das Eskimomädchen und guckt sich hilflos im runden Iglu um, ,,was ist ein Winkerl?"

Warum sind Computerfachleute so dünn?
Weil sie immer nur Mikrochips bekommen.

,,Mami, Mami, wieviel Tage sind es noch bis Weihnachten?"
,,Oh, jede Menge Tage. Wir haben doch erst November. Aber warum fragst du?"
,,Ich möchte gerne wissen, ob wir schon nah genug dran sind, damit ich anfangen soll."
,,Was anfangen?"
,,Ein braves Mädchen zu sein."

,,Stell dir vor, was ich gelesen habe", sagt Heiner. ,,Vier Fünftel aller Unfälle sind Haushaltsunfälle. Die Leute fallen von der Leiter, kommen in den Stromkreis oder verbrennen sich am Herd. Und diese Unfälle ereignen sich in der eigenen Wohnung. Da müssen wir uns doch schützen!"
,,Aber wie denn?" fragt Holger.
,,Ganz einfach", sagt Heiner. ,,Ich übersiedle in deine Wohnung und du in meine!"

Wie kann man machen, daß Salz besser schmeckt?
Man streut es über Pommes.

Welches Tier ist schwarzweiß und macht einen abscheulichen Lärm?
Ein dudelsackpfeifender Pinguin.

Was lebt in der Wüste, kommt eine Woche ohne Wasser aus und hat drei Höcker?
Ein Kamel mit Rucksack.

Was lebt in der Wüste, kommt eine Woche ohne Wasser aus und hat zwei Höcker?
Ein Kamel, das seinen Rucksack verloren hat.

Warum sieht man niemals Kühe im Tiergarten?
Weil sie sich den Eintritt nicht leisten können.

,,Sag mal, Ilse, hältst du mich etwa auch für einen Idioten?"
,,Aber nein", sagt Ilse. ,,Andererseits – was zählt schon meine Meinung gegen die aller anderen?"

Was ist Willenskraft?
Wenn sich ein Elefant nur eine einzige Erdnuß aus der Tüte holt.

„Ich komme bei Mädchen unheimlich gut an",
prahlt Walter. „Sie gucken mich an – und schon
ist es Liebe auf den ersten Blick. Hast du dafür
eine Erklärung?"
„Klar", sagt Wolfgang. „Wer dich einmal gesehen hat, schaut dich kein zweites Mal an."

Warum haben die Ostfriesen so viele Waschma-
schinen?
Damit sie nach Sendeschluß was zu gucken haben.

Ein Stammeshäuptling aus dem Regenwald
fliegt mit dem Flugzeug nach München und wird
dort von einigen Reportern interviewt.
„Grüß Gott", sagt der eine. „Hatten Sie einen guten Flug?"
Erst gibt der Häuptling einige merkwürdige pfei-
fende und quietschende Geräusche von sich,
dann sagt er in tadellosem Deutsch: „Danke,
wunderbares Wetter!"
„Und wie lange wollen Sie in unserem schönen
München bleiben?" fragt ein anderer Reporter
weiter.
„Pfeif, quietsch, tut, na, so etwa zwei Wochen."
„Eine Frage noch", meint ein dritter Reporter,
„wo haben Sie so gut Deutsch gelernt?"
„Deutsche Welle, pfeif, quietsch, tut, Kurzwel-
lenradio!"

Der Burgherr von Schreckenstein stürmt aufgeregt in den Burghof.

,,Verdammt noch einmal, jetzt will ich die Wahrheit hören. Wer von euch Burschen hat den Turm kaputtgemacht?"

Meldet sich Knappe Oswald kleinlaut. ,,Ich war's, Herr Ritter."

,,Ach", brüllt der Herr von Schreckenstein, ,,und wie ist das passiert?"

,,Ich wollte bloß mein Katapult putzen", sagt Oswald, ,,und da ist es plötzlich losgegangen."

Wieviel Beine hat der Elefant?
Sechs. Zwei Vorderbeine, zwei Hinterbeine, zwei Elfenbeine.

Was macht ein Engländer, wenn er in der Wüste eine Schlange trifft?
Er stellt sich hinten an.

Die Kuh, die ein Kalb zur Welt bringt, kalbt.
Das Lamm lammt. Was macht ein Vogel?
Der Vogel eiert.

Warum sind Braunbären braun?
Damit man sie nicht mit Blaubeeren verwechselt.

Welches Tier braucht am wenigsten Futter?
Die Motte. Sie frißt Löcher.

Es ist wieder mal ein irre heißer Sommertag. Hinter der sehr dicken Dame läuft unentwegt ein kleiner Junge her. Und zwar so, daß er ihr bald auf die Füße tritt.

Endlich wird ihr dieses Spielchen zu dumm, und sie dreht sich nach ihm um.

,,Hör mal, du", fährt sie ihn an, ,,willst du mich vielleicht ärgern? Ich hol' gleich einen Schutzmann!"

,,Ach, bitte nicht", fleht der Kleine, ,,Sie sind doch die einzige schattige Stelle auf der Straße!"

Endlos blättert die Sekretärin im Duden herum.

,,Was suchst du eigentlich?" fragt schließlich ihre Kollegin.

,,Bankrott", sagt die erste.

,,Und warum suchst du so weit hinten?"

,,Nun, wie ,Bank' geschrieben wird, das weiß ich. Jetzt suche ich ,rott' ..."

,,Ich hab' meiner Frau zum Hochzeitstag einen dieser neuen Riesen-Fernseher geschenkt – 48 mal 120!"

,,Bildschirmgröße ...?"

,,Nein, Raten!"

Der Fernsehsender RTX hat wieder mal ein Zuschauertelefon eingerichtet – denn ein berühmter Wissenschaftler ist Gast im Studio. Er verkündet,

man könne ohne weiteres mit 50 Mark in der Woche leben.
Unglaublich viele Anrufer protestieren gegen diesen Unsinn. Dann meldet sich plötzlich eine
ganz, ganz leise Stimme am Telefon.
„Also, mein Mann und ich meinen, daß das noch
wesentlich billiger geht. Wir beide kommen seit
Jahren mit fünf Mark in der Woche aus ...“
Der Wissenschaftler ist total platt.
„Gnädige Frau, das ist ja sensationell – aber
könnten Sie für unsere Zuschauer nicht ein wenig
lauter sprechen?“
„Leider nicht, Herr Professor, ich bin der Goldfisch!“

Was sagte der kleine Kannibale, der nicht essen
will, was auf den Tisch kommt?
„Meine Sippe ess’ ich nicht!“

Frau Weber schmiedet Einkaufspläne.
„Ich denke, ich werde mir diese wunderschöne
Perlenkette kaufen“, sagt sie. „Und das wird uns
gar nichts kosten!“
„Wie meinst du denn das?“ fragt Herr Weber.
„Na, Denken kostet doch nichts.“

Holger: „Heute abend gibt es einen interessan-
ten Vortrag über Schizophrenie.“
Heiner: „Was ist denn das?“

Holger: „Schizophrenie ist, wenn jemand zwei verschiedene Persönlichkeiten hat. Die eine will dies, die andere das. So eine Art Geistesgespaltenheit. Hast du Lust mitzukommen?"
Heiner: „So halb und halb."

Ein Irrer will ein Telegramm aufgeben und ruft bei der Telegrammaufnahme an. „Bitte senden Sie folgenden Text: ‚Pobbeli, Hobbeli, Tobbeli.' – Was macht das?"
„Neun Mark."
„Prima, ich habe zwölf Mark. Dann kann ich ja noch ein Wort dazuschreiben!"
„Natürlich", sagt die Beamtin.
„Aber welches Wort soll ich denn noch schicken", überlegt der Anrufer, „welches Wort bloß."
Die Beamtin wird ungeduldig. „Wie wär's denn mit ‚Schwobbeli'?" schlägt sie vor.
„Schwobbeli", sagt der Anrufer verächtlich. „Was soll denn das. Ich bin doch nicht verrückt."

Warum essen Beamte so gerne Schaschlik? Weil es so spießig aussieht.

Holger marschiert kreuz und quer über den ganzen Tennisplatz und schaut ständig angestrengt auf den Boden.

„He, Sie da", ruft der Platzwart. „Suchen Sie etwas?"

„Klar doch", sagt Holger. „Hier habe ich vorgestern ein Spiel verloren."

Yeti stürmt zurück in die Yeti-Höhle am Himalaja und ruft aufgeregt:
„Leute, stellt euch vor, eben habe ich Reinhold Messner gesehen!"
„Wie bitte", rufen die anderen Schneemenschen, „den gibt es wirklich?"

Jockel hat schon den fünften Schnaps gekippt. Da tippt ihm der Mann von der Heilsarmee auf die Schulter und sagt:
„Sie sollten Ihr Geld nicht so sinnlos hinauswerfen. Tragen Sie's doch lieber auf die Bank. Da bekommen Sie sogar Zinsen dafür!"
„Ach", sagt Jockel. „Und wieviel Prozent?"
„Na, etwa fünf Prozent nach einem Jahr!"
„Da bleib' ich lieber beim Schnaps!" ruft Jockel. „Da gibt es 40 Prozent, und zwar sofort."

Ein Angler steht am Ufer des Rheins und hängt seine Leine ins Wasser. Da kommt ein Mann und sagt: „Wissen Sie nicht, daß hier Angeln verboten ist? Das Wasser ist ja total giftig. Richtig ätzend."
„Klar weiß ich das", sagt der Angler. „Ich fange

auch keine Fische. Ich halt' meine Filme zum Entwickeln ins Wasser."

„Sag mal, warum fährst du eigentlich immer am Freitag mit der Bahn?"
„Ich will mein Leben in vollen Zügen genießen!"

Wer sagte: „Ein Königreich für ein Pferd?"
Der Sperling auf dem Marktplatz.

Wer gewinnt bei jeder Ziehung? – Der Zahnarzt.

Eine Kuh macht muh. Was machen viele Kühe?
Mühe.

„Die Sonne ist wirklich was Blödes", meint Kuno.
„Wie kommst du denn darauf?"
„Weil sie scheint, wenn es sowieso hell ist!"

„Und was machen Sie beruflich?" erkundigt sich der Kneipenwirt.
„Ich bin Straßenhändler", sagt der Gast.
„Interessant", meint der Wirt. „Was kostet denn der Meter?"

Echt sportlich

Der Pfarrer von Polterding ist ein leidenschaftlicher Kegler. Kaum ist die Sonntagsmesse zu Ende, sieht man ihn schon drüben beim Kirchenwirt auf der Kegelbahn.

,,Wie schaut's aus, Pfarrer", sagt sein Kegelbruder Toni eines Sonntags. ,,Ob's droben im Himmel wohl auch eine Kegelbahn gibt?"

Der Pfarrer weiß es nicht. Aber er verspricht, den lieben Gott bei nächster Gelegenheit danach zu fragen.

,,Na, was hat der liebe Gott gesagt?" will der Toni am nächsten Sonntag wissen. Der Pfarrer antwortet langsam und stockend.

,,Es gibt eine gute Nachricht und eine schlechte Nachricht. Die gute Nachricht: Ja, es gibt eine Kegelbahn im Himmel!"

,,Das ist ja großartig!" ruft der Toni. ,,Und was ist die schlechte Nachricht?"

,,Die schlechte Nachricht ist", antwortet der Pfarrer, ,,für nächste Woche bin ich schon angemeldet."

Der Mathematiklehrer war zum erstenmal Bogenschießen.

,,Na, wie war's?" fragt ihn seine Frau. ,,Hast du was getroffen?"

,,Klar doch!" sagt der Lehrer. ,,Der erste Schuß ging zwei Meter links daneben. Der zweite zwei Meter rechts daneben. Wenn man beides zusammenrechnet habe ich genau ins Schwarze getroffen!"

Großer Boxkampf in der Sporthalle: Jack der Tiger kämpft gegen Richard die Ramme. Der Kampf beginnt, und nach wenigen Sekunden kassiert Jack der Tiger einen rechten Schwinger. Er taumelt und wankt, geht in die Knie und sitzt belämmert auf dem Boden. Der Ringrichter zählt ihn an.
„Komm, gehen wir", sagt im Publikum eine ältere Dame. „Der Kampf ist vorbei."
„Woher wollen Sie denn das wissen?" fragt ihre Begleiterin.
„Weil ich diesen Kerl vom Bus kenne", sagt die Dame. „Wenn der einmal sitzt, steht er nie mehr auf."

„Mein Bruder ist Boxweltmeister im Federgewicht. Er hat eine unschlagbare Kampftaktik entwickelt."
„Ach, und was macht er da?"
„Er kitzelt seine Gegner, bis sie vor Lachen umfallen!"

Warum darf Aschenputtel bei Fußballspielen nicht mitmachen?
Weil sie immer vor dem Ball davonläuft.

Zwei Sportschützen unterhalten sich.
„Na, was war dein bester Schuß heute?"
„Nichts Besonderes. Ich habe bloß einen Achter getroffen."
„Mit oder ohne Steuermann?"

Sonntagmorgen auf dem Schießstand. Heiner und Holger ballern Richtung Zielscheibe.
„Jetzt reicht es aber!" brüllt Heiner. „Kannst du denn nicht zielen? Nun hast du schon zum drittenmal ganz knapp an mir vorbeigeschossen!"
„Entschuldigung", sagt Holger ganz kleinlaut. „Beim nächsten Mal treffe ich dann sicher!"

Jan hat nichts als Fußball im Kopf. Wenn er nicht gerade selbst kickt, guckt er Fußball. Sogar nachts träumt er immer nur vom Fußball. Die Eltern machen sich richtig Sorgen und bringen ihn zum Schulpsychologen.
„Sag mal, Jan", sagt der Psychologe, „mal ehrlich und unter uns: träumst du denn von gar nichts anderem? Zum Beispiel von, na ja, von Mädchen?"
„Das hätten Sie wohl gern!" höhnt Jan. „Von Mädchen träumen! Damit ich das Endspiel verpasse!"

Warum dürfen ehemalige Astronauten keine Box-Ringrichter werden?

Weil sie immer verkehrt herum zählen: zehn, neun, acht ...

Prustend kraulen Heiner und Holger durch den Gebirgssee.
„Einfach grauenhaft", ruft Heiner, „wie kalt das Wasser ist!"
„Jetzt hab dich nicht so", sagt Holger. „Was glaubst du, wie wir erst frieren würden, wenn wir keine Badehosen anhätten!"

Beim Leichtathletik-Meeting kämpfen die Weitspringer um den Sieg. Acht Meter sechzig, acht Meter siebzig – die Leistungen steigern sich. Acht Meter achtzig. Doch weiter geht es nicht. Da laufen die Marathonläufer ins Stadion ein und kommen durchs Ziel. Einer von ihnen läuft zur Weitsprunganlage und springt auf neun Meter dreißig. Das Publikum tobt vor Begeisterung.
„Kunststück", sagt der Weitsprung-Sieger, „bei 40 Kilometer Anlauf!"

Der Diskuswerfer tritt zum Wettkampf an.
Wiegt den Diskus in der Hand. Dreht sich einmal um die Achse. Zweimal. Dreimal. Viermal. Und schleudert den Diskus mit gewaltigem Schwung fort. Die Scheibe fliegt über das Stadiondach hinaus und trifft eine Taube. Die Taube läßt vor Schreck einen Batzen fallen. Der Batzen trifft ei-

nen Radfahrer auf die Glatze. Der Radfahrer ver-
reißt sein Rad. Ein Bus muß ausweichen und
fährt in eine Bank. Geldscheine flattern auf die
Straße. Eine Menschenmenge rottet sich zusammen, um das Geld aufzuheben. Der Verkehr
bricht zusammen. Das Telefonnetz ist hoffnungslos überlastet und gibt den Geist auf. Die Aktien-
kurse spielen verrückt. Die Menschen geraten in
Panik. Der Präsident ruft den nationalen Not-
stand aus.

„Das hast du nun davon!" schreit der Trainer den
Diskuswerfer an. „Wie oft hab' ich dir schon gesagt, du sollst dich bloß dreimal drehen!"

Der Golfball kommt ausgerechnet auf einem
Ameisenhügel zu liegen. Der Golfer schwingt
den Schläger, schlägt – und trifft voll in den
Ameisenhaufen. Die Ameisen fliegen durch die
Luft, doch der Ball liegt noch immer oben. Wieder versucht es der Golfer – wieder daneben.
Und wieder trifft es nur die Ameisen und nicht
den Golfball. Nach zwei weiteren Versuchen
sind nur noch zwei Ameisen da.

„Gibt es denn keine Rettung vor diesen furchtba-
ren Schlägen?" schluchzt die eine Ameise.

„Doch", sagt die andere. „Wir müssen uns bloß
auf diese Kugel da retten!"

Petras Freund Oskar ist absoluter Fußballfan, aber sie selbst hat von diesem komischen Spiel nicht die geringste Ahnung. Doch Oskar zuliebe geht sie am Samstag mit zu ihrem ersten Fußballspiel. Allerdings braucht sie endlos lang, um sich zurechtzumachen. Als Oskar und Petra zum Stadion kommen, ist das Spiel schon längst im Gange.
Aufgeregt fragt Oskar den nächsten Zuschauer nach dem Spielstand.
,,Null zu null!" ist die Antwort.
,,Siehst du", sagt Petra triumphierend. ,,Du hast dich ganz umsonst aufgeregt. Wir haben gar nichts versäumt!"

Ulrich kommt vom Fußballmatch zurück. Über und über ist er mit Dreck beschmiert. Die Mutter macht nicht viel Worte, sondern deutet bloß energisch in Richtung Badezimmer.
,,Meinst du wirklich, daß das nötig ist?" erkundigt sich Ulrich vorsichtig.
,,Klar!" sagt die Mutter. ,,Der Dreck muß weg!"
,,Aber am Wochenende haben wir doch schon das Rückspiel!"

Fußball-Bundesliga im Fernsehen. Oma ist zu Besuch und will auch wissen, worum es da eigentlich geht.
,,Sag mal, Karli", fragt sie vorsichtig, ,,weshalb

rennen die denn alle so angestrengt hinter dem Ball her?"

„Na, Oma", ruft Karli, „das ist doch klar. Wer die meisten Tore schießt, wird Meister!"

„Und die andern auch?" will Oma wissen.

„Die Verlierer selbstverständlich nicht", erklärt Karli.

„Wenn das so ist", fragt Oma, „warum rennen die dann so?"

Blau-Weiß Hummstedt hat das Fußballspiel haushoch verloren. Und der Schiedsrichter war wohl keine große Leuchte. Nach dem Spiel geht der Trainer zum Schiedsrichter.

„Hätten Sie mal ein Sekündchen Zeit?" fragt er ihn.

„Natürlich", sagt der Schiedsrichter. „Worum geht es denn?"

„Dann könnten Sie mir alles erzählen, was Sie über die Fußballregeln wissen."

Der Trainer ist heute besonders gut aufgelegt.

„Also, Jungs", verkündet er, „wollt ihr wissen, wer der erste Torwart gewesen ist?"

„Keine Ahnung, Trainer!"

„Es war Noah. Denn Gott der Herr sprach zu ihm: ‚Geh in den Kasten, Noah, ich will stürmen!'"

Der Porschefahrer staunt nicht schlecht, als er
auf der Autobahn von einem Läufer in Turnschu-
hen überholt wird. „Das muß ich wissen!" denkt
er und gibt Gas. Der Läufer wird ebenfalls
schneller. Der Porschefahrer drückt auf die Tube,
doch der Läufer zischt auf und davon. Der Porschefahrer gibt auf.
Nach ein paar Kilometern sieht er den Läufer in
einem riesigen Loch neben der Straße sitzen. Die
Fahrbahn ist aufgerissen, und die Leitplanken
sind total verbeult. Der Porschefahrer hält an.
„Du meine Güte – was ist denn mit Ihnen passiert?!"
„Na was schon", sagt der Läufer. „Mein rechter
Turnschuh ist geplatzt."

Im Sportgeschäft. Der Kunde steht vor dem Boot.
„Dieses Schlauchboot ist absolut wasserdicht, sa-
gen Sie?"
„Absolut!" versichert der Verkäufer. „Wenn das
Wasser erst mal drin ist, kommt es nie wieder
heraus."

Herr und Frau Bollermann wollen unbedingt
noch die Rheinfähre erreichen, doch sie sind spät
dran. Die Fähre legt eben ab. Bollermann macht
einen Riesensatz und schafft es grade noch, an
Deck zu springen. Seine Frau aber steht hilflos
am Kai.

„Das ist mir zu weit", jammert sie. „Das schaff'
ich nicht mit einem Sprung."

„Na wennschon", ruft Herr Bollermann. „Dann
versuch es eben mit zwei Sprüngen!"

Fritz und Olaf hocken in der Kneipe und gucken
sich ein Fußballspiel an. „Ich hätte leicht einer
von denen sein können", sagt Olaf. „Mein Trainer hat immer gesagt: ,Olaf', hat er gesagt, ,du
könntest ein begnadeter Stürmer sein. Nur zwei
Dinge stehen dir im Weg!'"

„Und welche Dinge waren das?" fragt Fritz.

„Tja", sagt Olaf und wischt sich den Schaum von
den Lippen, „meine beiden Füße."

Die liebe Familie

„Sag mal, Peter, wie alt ist denn dein Großvater schon?"

„Weiß nicht", sagt Peter. „Aber wir haben ihn schon ziemlich lange."

Zwei Freunde treffen sich auf der Straße.
„Meine Güte, Heinz, du siehst ja fürchterlich aus", sagt der eine. „Was ist denn passiert?"
„Ach weißt du, seit mich meine Frau vor zwei Wochen verlassen hat, habe ich nicht eine Nacht mehr geschlafen!"
„Warum denn nicht?"
„Ganz einfach", sagt Heinz, „sie hat das Bett mitgenommen."

An der Tür läutet es. Frau Bölle macht auf. Draußen steht ein Fremder und sagt:
„Entschuldigen Sie bitte, aber ich habe eine Frage. Ich komme jeden Morgen hier vorbei, und jeden Morgen sehe ich, wie Sie Ihrem Sohn mit einem Laib Brot auf den Kopf hauen."
„Stimmt", sagt Frau Bölle. „Er ist schließlich auch ein sehr ungezogener Junge."
„Tja", sagt der Fremde, „heute morgen habe ich Sie wieder gesehen. Aber heute morgen haben Sie ihm mit einem Kuchen auf den Kopf geschlagen!"
„Stimmt", sagt Frau Bölle. „Heute hat der Junge Geburtstag."

Jan und Susi würden gerne heiraten, aber es geht nicht. Sie haben zu wenig Geld für eine eigene Wohnung.

„Warum zieht ihr eigentlich nicht zu Susis Eltern?" fragt ein Freund.

„Keine Chance", sagt Jan. „Die wohnen bei ihren Eltern."

Gestern hat Herr Mieslich angefangen, Semmeln zu schneiden, und heute sitzt er immer noch am Küchentisch und schneidet und schneidet ...

„Was machst du da bloß so lange?" fragt ihn sein Freund.

„Semmelknödel", sagt Herr Mieslich. „Im Kochbuch steht: Drei Tage alte Semmeln schneiden. Morgen bin ich fertig."

Es klingelt. Die Hausfrau öffnet. An der Haustür steht ein Mann mit einer Sammelbüchse und sagt: „Wir machen unsere Weihnachtssammlung. Es geht um die geistig Behinderten in unserer Gemeinde, und da ..."

„Warten Sie", unterbricht ihn rasch die Hausfrau. Dann ruft sie in die Wohnung hinein: „Franz, komm doch mal her, da ist jemand wegen deiner Freunde!"

„Unser Heinrich ist derzeit auf der Universität", erzählt Frau Müller.

„Ach", sagt die Nachbarin. „Als Student oder als Professor?"

„Keines von beiden", sagt Frau Müller. „Als Dachdecker."

Die kleine Monika will und will nicht schlafen gehen.

„Soll ich dir ein Gutenachtliedchen vorsingen", fragt der Vater, „oder gehst du freiwillig ins Bett?"

„Ich bin echt froh darüber", erzählt Rolf seinem Freund, „was ich für eine tolle Schwester habe. Stell dir vor, gestern war sie bei einem Geburtstagsfest. Jeder Junge mußte jedem Mädchen zur Begrüßung einen Kuß geben oder eine Tafel Schokolade."

„Und", fragt der Freund, „was ist so toll an deiner Schwester?"

„Sie hat eine ganze Ladung Schokolade nach Hause gebracht."

„Sie sind also Frau Emilie Stroh", sagt der Beamte. „Und Sie sind Hausfrau. Und was ist Ihr Mann?"

„Ach", sagt Frau Stroh, „eigentlich alles, was ich ihm vorsetze."

Familie Schwarz macht einen Ausflug mit der Eisenbahn. Plötzlich sagt die kleine Bärbel: „Mami, ich hab' Pipi gemacht!"

„Du meine Güte", seufzt die Mutter, „daß uns das schon wieder passiert ist."

„Wieso uns?" fragt Bärbel. „Dir auch?"

„Gestern habe ich zum erstenmal meinen Cousin getroffen", erzählt Tim.

„Na, wie sieht er aus?" fragt die Nachbarin neugierig.

„Ganz komisch", sagt Tim. „Er hat eine Glatze und einen dicken Bauch und ist klein, und wenn er nicht gerade trinkt, dann schläft er. Und außerdem rülpst er und macht sich an."

„Du lieber Himmel", ruft die Nachbarin, „wie alt ist er denn?"

„So ein halbes Jahr", sagt Tim.

„Mein Papi hat mir gestern zum Geburtstag fünf Schlagbälle und drei harte Fußbälle geschenkt", erzählt der kleine Tim voller Stolz dem Lehrer in der Schule.

„Das ist ja sonderbar", meint der Lehrer. „Warum denn lauter Bälle?"

„Weil mein Papi nämlich Glasermeister ist!"

Der kleine Oskar kommt mit zerrissener Hose und zerschrammtem Gesicht nach Hause.

„Ach herrje!" ruft die Mutter. „Was hat Mamis Liebling denn da schon wieder angestellt?"
„Mamis Liebling", sagt Oskar, „hat einen Jungen verhauen, der Mamis Liebling zu ihm gesagt hat."

Herr Meier ist ein erfolgreicher Geschäftsmann, und auch sein Sohn soll einmal ein erfolgreicher Geschäftsmann werden. Also nimmt Herr Meier seinen Sohn mit in die Firma, legt ihm die Hand auf die Schulter und sagt: „Und heute gibt es die erste Unterrichtsstunde, wie man erfolgreich wird. Komm mit aufs Dach!" Sie klettern auf das Dach, und Herr Meier sagt: „Und nun, mein Sohn, spring hinunter!"
„Das kann ich doch nicht!" ruft der Sohn. „Das ist ja viel zu hoch!"
„Was ist?" sagt der Vater. „Vertraust du mir denn nicht? Wenn du mir vertraust, dann spring!"
Der Sohn springt, und er fällt hart auf den Boden. Mit schmerzverzerrtem Gesicht ruft er hoch: „Und ich habe dir vertraut!"
„Siehst du", sagt Herr Meier, „das ist die erste Regel im Geschäft: Vertraue niemandem!"

„Sag mal, Kurt, wieviel Geschwister hast du eigentlich?" fragt der Nachbar.
„Mit mir sind wir zwei Jungen und vier Mädchen."

,,So viele!'' sagt der Nachbar erstaunt. ,,Na, das
muß ja eine Menge kosten!''
,,Aber nein'', meint Kurt, ,,die kriegen wir alle
gratis.''

Karin kommt zu spät zur Arbeit. Der Chef blickt
vorwurfsvoll auf die Uhr.
,,Tut mir wirklich leid'', sagt Karin. ,,Meine
Großmutter hat heute geheiratet.''
,,Das ist was anderes'', sagt der Chef. ,,Aber ich
hoffe, es kommt nicht öfters vor.''

,,Sag mal, warum schiebt denn Frau Hömple
den Kinderwagen nicht? Warum zieht sie ihn immer nach?''
,,Das Baby ist so häßlich!''

,,Ich verstehe dich nicht, Paul'', sagt der Vater.
,,Warum mußt du immer mit den schlimmen Buben spielen?''
,,Weil die schlimmen Mädchen nicht mit mir
spielen wollen'', sagt Paul.
,,Frechdachs!'' ruft der Vater. ,,Ich meine natürlich, warum du nicht mit den braven Buben
spielst!''
,,Weil die braven Buben nicht mit mir spielen
dürfen!''

„Hören Sie sofort mit Ihrem verdammten Geklimpere auf!" brüllt der Nachbar durch das Treppenhaus. „Sonst werde ich noch komplett verrückt!"

„Zu spät", schreit der andere Nachbar zurück. „Wir haben das Klavier vorige Woche verkauft!"

Herr Bolle geht einkaufen. Auf dem Markt starrt er auf einen Korb mit dem Schild „Blaubeeren".

„Das verstehe ich nicht", sagt er zur Marktfrau. „Diese Beeren da sind ja ganz rot!"

„Klar", sagt die Marktfrau. „Das kommt, weil sie noch grün sind."

„Ich glaube, meine Mutter versteht nichts von Kindern", sagt Sabine.

„Wie kommst du denn darauf?" fragt Tante Hilda.

„Wenn ich wach bin, bringt sie mich ins Bett, und wenn ich müde bin, weckt sie mich auf!"

Zwei Knirpse unterhalten sich.

„Also, manchmal halt' ich's wirklich nicht mehr aus. Meine Oma singt dauernd ,Am Brunnen vor dem Tore'."

„Das geht ja noch", meint der andere. „Meine Oma singt dauernd zu Hause."

Die Familie Mimmelmeier hat gerade ein Baby bekommen.

,,Na, da hat sich euer kleiner Max sicher sehr gefreut", sagt die Nachbarin.

,,Tja", sagt Frau Mimmelmeier, ,,jetzt hat er endlich aufgehört, die Katze zu ärgern."

,,Was hat dein Vater zu dir gesagt, als sie dich ins Gefängnis gesteckt haben?"

,,Willkommen, mein Sohn!"

Die kleine Susanne stürmt heulend ins Wohnzimmer.

,,Was ist denn los, Susi?" erkundigt sich die Mutter besorgt.

,,Mir ist mein Eis auf den Boden gefallen", schluchzt Susanne. ,,Dann wollte ich es in der Spüle heiß abwaschen, und auf einmal war es weg!"

Helmut kann seine Schulaufgaben nicht machen. Er kann sich einfach nicht konzentrieren. Seine kleine Schwester Petra liegt in ihrem Zimmer auf dem Rücken und singt und singt. ,,Ich bin eine Schallplatte", singt sie, ,,ja, ja, ja, eine Schallplatte."

Wütend stürmt Helmut in Petras Zimmer und dreht sie auf den Bauch. Kaum ist er wieder an seinem Tisch, hört er Petra singen.

,,Jetzt kommt die zweite Seite, ja, ja, ja, die zweite Seite."

Rolf und Rudi sitzen wieder einmal in Nachbars Kirschbaum und lassen es sich schmecken. Da stürmt wütend der Nachbar heran und ruft: ,,Ha, ihr Burschen. Habe ich euch endlich beim Klauen erwischt!"

,,Irrtum", sagt Rudi und wedelt mit den Kirschen, ,,gucken Sie doch, wir hängen die Kirschen auf!"

,,Sag mal, Oma", fragt Heidi und starrt Omas große Nase an, ,,hat dich eigentlich der liebe Gott gemacht?"

,,Gewiß", sagt Oma.

,,Und Mami, hat der liebe Gott auch Mami gemacht?"

,,Aber sicher!"

,,Und hat der liebe Gott auch mich gemacht?"

,,Freilich, Heidi", sagt Oma.

,,Und findest du nicht auch", fragt Heidi, ,,daß er in letzter Zeit bei Nasen immer besser geworden ist?"

Es ist Wahlkampf. Der Kandidat klingelt, und die kleine Sibylle macht auf.

,,Sag mal, Kleine", fragt der Politiker, ,,ist deine Mami in der CDU oder in der SPD?"

,,Ist sie beides nicht", sagt Sibylle. ,,Sie ist auf
dem WC."

Zeit ihres Lebens hat Oma Baaske Lotto gespielt
und nie etwas gewonnen. Doch diesmal hatte sie
alle sechs richtig und nicht weniger als zehn Millionen Mark gewonnen. Noch weiß sie nichts
von ihrem Glück. Und ihre Familie wagt nicht,
es ihr mitzuteilen. Ein alter Mensch könnte bei
dieser Nachricht einen Schock erleiden und wo-
möglich tot umfallen. Also ruft man den alten
Doktor, der Oma Baaske früher so gut betreut
hatte.
,,Ich werde es ihr schonend beibringen", verspricht der alte Doktor und besucht Oma Baaske.
,,Jetzt mal angenommen", fragt er beiläufig, ,,Sie
hätten im Lotto gewonnen. Was würden Sie mit
den Millionen tun?"
,,Ach wissen Sie, Herr Doktor", sagt Oma Baaske, ,,Sie haben mir immer so gut geholfen. Ich
würde Ihnen glatt fünf Millionen schenken."
Worauf der alte Doktor vor Schreck zusammen-
bricht.

Ulrike war bei Gabi zu Besuch. Es war nicht besonders gemütlich.
,,Dein Vater lacht wohl überhaupt nie", sagt Ulrike.
,,Doch, einmal jährlich lacht er."

„Ach, und wann?"

„Wenn sich meine Mutter einen neuen Hut gekauft hat."

„Mami, ich bin jetzt schon fünfzehn. Darf ich endlich Lippenstift tragen, meine Augenbrauen zupfen und mich schminken?"

„Nein, Karl, das darfst du nicht!"

Tante Erna ist jetzt schon etliche Wochen bei Familie Müller zu Besuch, und langsam wird Herr Müller ungeduldig.

„Findest du nicht", flüstert er seiner Frau zu, „daß deine Tante Erna langsam wieder verschwinden sollte?"

„Wieso meine Tante?" flüstert Frau Müller zurück. „Ich dachte, Tante Erna ist deine Tante?"

Frau Pilschen hat einen Termin beim Finanzamt. Der Beamte hilft ihr, das Formular auszufüllen.

„Sind Sie verheiratet?" fragt er.

„Ja", sagt Frau Pilschen.

„Kinder?" fragt der Beamte.

„Drei Jungen und vier Mädchen", sagt Frau Pilschen.

„Gut", sagt der Beamte. „Macht sieben zusammen."

„Nicht zusammen", sagt Frau Pilschen. „Eins nach dem anderen."

Ernst und Edwin streiten, wer die hübschere
Schwester hat.
„Meine Schwester sieht besser aus", ruft Ernst.
„Alle sagen, sie hat eine Haut wie ein Pfirsich!"
„Und wennschon", sagt Edwin. „Wer will schon
wie ein 17 Jahre alter Pfirsich aussehen."

Familie Meier ist aufs platte Land gezogen.
Nach langer Zeit trifft Herr Meier zufällig seinen
ehemaligen Nachbarn aus der Stadt. „Na, wie
fühlt ihr euch in eurem Bauernhaus?" will der
Nachbar wissen. „Gute Luft, gesunder Schlaf,
was?"
„Geht", sagt Herr Meier. „Bloß das leise Tapsen
winziger Füßchen im ganzen Haus."
„So etwas", sagt der frühere Nachbar, „habt ihr
so viele Kinder?"
„Nein", sagt Herr Meier, „so viele Mäuse."

Familie Rummler geht ins Konzert, und der kleine Klaus darf auch mit. „Ich mache Sie aber aufmerksam", sagt die Platzanweiserin, „daß sich
Ihr Sohn ruhig verhalten muß. Wenn er schreit,
müssen Sie den Saal verlassen!"
„Und das Eintrittsgeld?" fragt Herr Rummler.
„Na, das bekommen Sie in diesem Fall zurück."
Also gut, die Rummlers setzen sich, und das Konzert fängt an. Das Orchester hat einen wirklich
schlechten Tag. Der Dirigent kriegt den Takt

nicht hin, die Streicher schrummeln, und die Bläser setzen falsch ein. Da hat Frau Rummler genug.

„Los", flüstert sie ihrem Mann zu. „Zwick den Klaus!"

Urgroßvater und Urgroßmutter sitzen in der guten Stube. Sie strickt, und er guckt zu.

„Ich weiß was", sagt Urgroßvater. „Wir könnten wieder mal ins Kino gehen."

„Ach, Unsinn", sagt Urgroßmutter. „Da waren wir doch erst neulich."

„Das schon", sagt Urgroßvater. „Aber inzwischen haben sie den Tonfilm erfunden!"

Familie Hömpel feiert silberne Hochzeit und hat alle ihre Bekannten und Verwandten eingeladen. Bevor die Torte angeschnitten wird, erhebt sich Herr Hömpel und beginnt feierlich mit seiner Rede.

„Verehrte Anwesende", sagt er, „diese Torte hier auf dem Tisch hat meine teure Frau mit eigenen Händen gebacken. An jedem Hochzeitstag backt sie eine Torte, und man kann sie durchaus als Meilensteine auf unserer Reise durchs Leben betrachten ..."

„Ich habe gehört, daß Ihr Gustav morgen heiraten soll", sagt die Nachbarin. „Jetzt ganz im Ver-

trauen, Frau Bolle: Weiß die Braut eigentlich,
daß Ihr Sohn dermaßen viel säuft?"
„Nein", sagt Frau Bolle. „Es soll eine Überraschung sein."

Hannes ist furchtbar in Silke verknallt. Für ihn
existiert kein anderes Mädchen. Doch er ist viel
zu schüchtern, um sich das anmerken zu lassen.
Eines Tages aber gibt er sich einen Ruck und ruft
Silke an. Mit feuchten Händen wählt er ihre
Nummer, und mit zitternder Stimme sagt er:
„Hallo Silke, heute sind meine Eltern nicht zu
Hause, und da möchte ich gerne eine Party geben
... nur für uns zwei ... willst du kommen?"
„Aber selbstverständlich", sagt Silke sofort.
„Wer spricht denn dort?"

Weihnacht bei Familie Dämling.
„Und weil du so brav warst", sagt Herr Dämling
zum kleinen Max, „darfst du dieses Jahr den
Weihnachtsbaum anzünden!"
„Toll!" ruft Max und läuft ins Wohnzimmer.
Nach einer Weile kommt er zurück und fragt:
„Die Kerzen auch?"

Herr Hempel hat's nicht leicht mit seiner Frau.
„Alois", ruft sie aus der Küche ins Wohnzimmer,
„sitzt du etwa schon wieder auf der neuen
Couch?"

„Nein, Liebes!" ruft Herr Hempel zurück. „Ich sitze auf dem Boden."

„Dann hoffe ich aber sehr", ruft Frau Hempel, „daß du den Teppich zurückgeschlagen hast!"

„Sag mal, Erwin", sagt Frau Zwillich, „warum gehst du denn immer auf den Balkon, wenn ich im Zimmer singe?"

„Wegen der Nachbarn", sagt Herr Zwillich.

„Wieso wegen der Nachbarn?"

„Die sollen mich ruhig sehen, wenn du singst", meint Herr Zwillich. „Damit sie nicht glauben, daß ich dich verhaue."

Tante Frieda ist zu Besuch.

„Und stell dir vor", sagt sie zur kleinen Karla, „vorige Woche habe ich deine Mama im Kaufhaus gesehen. Ich habe gewinkt und gerufen, aber sie hat mich nicht gesehen."

„Weiß ich schon", sagt Karla.

„Woher weißt du das?"

„Mama hat es mir erzählt."

Die Reinermanns machen ihren Pflichtbesuch beim Onkel Albert. Es ist öde wie immer. Das Wohnzimmer ist ungeheizt, auf dem Tisch stehen bloß ein paar steinharte Kekse, und dann fängt Onkel Albert auch noch zu erzählen an. Er erzählt von seiner Jugend als Lehrling in der Buch-

haltung von Dröge und Co. Es ist einfach läh-
mend. Herr Reinermann muß gähnen.

„Was denn", fragt Onkel Albert. „Langweile ich
euch etwa?"

„Aber nein", sagt Herr Reinermann. „Ich gähne
nie, wenn mir langweilig ist. Ich gähne immer
nur, wenn ich Hunger habe."

Anna ist ein wirklich furchtbar schüchternes
Mädchen. Heute ist sie bei ihrer Freundin Gabi
eingeladen, doch sie sitzt schweigsam vor der
Suppe.

„Warum ißt du nichts, Anna?" fragt Gabis Mutter besorgt.

„Kann nicht", sagt Anna.

„Wieso, ist dir nicht gut?"

„Hmm, doch ist mir gut", sagt Anna.

„Na, dann magst du wohl überhaupt keine Suppe?"

„Doch, schon", flüstert Anna.

„Dann schmeckt dir bloß unsere Kartoffelsuppe
nicht?"

„Weiß nicht", sagt Anna.

„Na, dann probier doch!"

„Kann nicht", sagt Anna.

„Und warum nicht?"

„Hab' keinen Löffel."

Der kleine Jan und seine große Schwester Inge
waren zum erstenmal ein Wochenende lang allein zu Hause. Am Sonntagabend kommen die Eltern zurück und fragen, wie es war.
,,Ganz prima!" ruft Jan. ,,Und war nie langweilig. Wir haben viele Ratespiele gespielt!"
,,Wie nett!" sagen die Eltern. ,,Und was habt ihr
geraten?"
,,Am Vormittag habe ich Bilder gemacht", erzählt Jan, ,,und Inge hat raten dürfen, was ich ge-
malt habe. Dann hat sie Mittagessen gemacht,
und ich habe raten dürfen, was sie gekocht hat."

Die Kringels gehen im Park spazieren. Mit dabei ist das Baby im Kinderwagen. Sie kaufen
sich am Kiosk ein Eis, und dann wandern sie weiter. Plötzlich kreischt Frau Kringel auf: ,,Herbert,
das ist ja gar nicht unser Baby!"
,,Psst, nicht so laut!" flüstert Herr Kringel. ,,Ich
weiß ja. Aber dieser Kinderwagen ist viel schö-
ner!"

Frühjahrsputz bei Mümmelmanns. Herr Mümmelmann hat eine tolle Idee, wie man die Fenster
sauber bekommt.
,,Paß auf", sagt er, ,,das machen wir so. Wir legen das Bügelbrett auf die Fensterbank. Ich halte
das Brett innen, und du stellst dich außen drauf.
Dann kannst du bequem putzen!"

Gesagt, getan. Frau Mümmelmann steht draußen
auf dem Bügelbrett, da klingelt es. Herr Mümmelmann läßt das Brett los, läuft die Treppe
hinunter – und traut seinen Augen nicht. Vor der
Haustür sitzt seine Frau auf dem Boden und heult.
„Sag mal, Paula“, ruft Herr Mümmelmann erstaunt, „warst du das, die eben geklingelt hat?“

„Papi, gibst du mir zehn Mark? Ich möchte ins
Kino gehen!“
„Kommt nicht in Frage“, ruft der Vater. „Du
warst doch erst gestern.“
„Bitte!“
„Nein!“
„Gut“, sagt der Sohn, „du hast es ja nicht anders
gewollt. Dann übe ich eben mit der Geige.“

Besuch bei Familie Mehlmann, doch der kleine
Paul läßt sich nicht stören. Er hockt weiter vor
dem Fernseher.
„Interessiert dich denn sonst gar nichts?“ fragt
Tante Sabine.
„Nö!“
„Auch kein schönes Buch?“
„Was soll denn das sein, ein Buch?“ sagt Paul
verächtlich.
„Na, die Dinger, aus denen man die Fernsehfil-
me macht!“

„Ich habe morgen Geburtstag", erzählt der kleine Hubert seinem Freund Uwe. „Und mein Papi
hat gesagt, da darf ich mir wünschen, was ich
will. Ich wünsche mir eine Eisenbahn mit Digital-
steuerung, eine Videoanlage und einen Hund!"
„Das ist ja toll!" ruft Uwe. „Aber – kriegst du
das auch wirklich?"
„Ob ich's auch kriege, das hat mein Papi nicht
gesagt."

„Mami, Mami, heute wollen wir Tiergarten spielen. Uwe und ich sind die Bären! Und du mußt
mitspielen!"
„Na schön", sagt die Mutter. „Und was habe ich
dabei zu tun?"
„Du mußt uns Bonbons zuwerfen!"

Der Meinungsforscher klingelt bei Mehlmanns.
„Ich hätte nur ein paar Fragen", sagt er und lehnt
sich gegen die Tür, um den Fragebogen aus der
Tasche zu ziehen. „Wir wollen herausfinden,
was der Bevölkerung am meisten Sorgen bereitet."
„Ich mache mir keine Sorgen", sagt Herr Mehlmann. „Aber Sie sollten sich Sorgen machen,
und zwar um Ihren Mantel."
„Aber warum denn?" fragt der Meinungsforscher.
„Weil die Tür frisch gestrichen ist!"

Als Frau Gruber einige Tage zu ihrer Mutter
fährt, muß sich Herr Gruber um die Familie küm-
mern. Die kleine Luise nützt das weidlich aus.
,,Mag ich nicht, mag ich nicht", ruft sie, als Papa
das Essen auf den Tisch stellt. Dann klopft sie
mit dem Löffel im Kartoffelbrei herum.
,,Luise, entweder du benimmst dich ordentlich,
oder du gehst in dein Zimmer!" ruft Papa empört.
Luise kichert.
,,Was gibt es denn da zu lachen?" fragt Papa.
,,Das ist wirklich komisch", sagt Luise, ,,wie gut
du Mami nachmachen kannst."

Oma Müller ist schon ziemlich alt und wohnt in
einer anderen Stadt. Und sie hat wenig Freunde
zum Plaudern. Deshalb wollen ihr die Müllers einen Papagei zum Geburtstag schenken. Es soll
ein besonders gesprächiger und intelligenter Vogel sein. Schließlich wird ein ausgesprochen teurer und gelehriger Vogel gefunden und gekauft.
Er kostet immerhin 3 000 Mark, aber der Verkäufer meint, das sei er wert. Und er will ihn auch
persönlich bei Oma Müller abliefern.
An Omas Geburtstag ruft Herr Müller an und gra-
tuliert ihr herzlich. Dann fragt er, ob das Geschenk gut angekommen sei.
,,O ja", ruft Oma Müller. ,,Hat prima geschmeckt!"

Herr Schrack ist verstorben. Er war nicht gerade
der beste und sanfteste aller Ehemänner, und
auch seine wenigen Bekannten hatten sich lieber
von ihm ferngehalten. Die Trauergemeinde, die
sich um das offene Grab versammelt, ist daher
nicht besonders groß und auch nicht besonders
betrübt. Der Pfarrer ist eben mit seiner kurzen
Ansprache fertig geworden, da bebt plötzlich die
Erde. Ein schauerliches Rumpeln läuft über den
Friedhof. Schwefelgelbe Lichter tanzen auf dem
Grabhügel, und ein fernes Heulen ist zu hören.
,,Aha", sagt Frau Schrack, ,,er ist also angekommen."

Irene ist bei Tante Dora auf Besuch.
,,Das find' ich nett, daß du vor dem Essen immer
betest", meint die Tante. ,,Machst du das zu Hause auch?"
,,Nein", sagt Irene. ,,Zu Hause weiß ich, was ich
kriege."

,,Mein Sohn ist einfach unmöglich", schimpft
Herr Mehlmann. ,,Dauernd ist er hinter mir her
und bettelt mich um Geld an. Immer nur Geld!"
,,Das sieht man dem Kleinen ja gar nicht an!"
meint der Nachbar. ,,Was macht er denn mit dem
vielen Geld?"
,,Weiß ich auch nicht", sagt Herr Mehlmann.
,,Ich geb' ihm ja keins."

Ein kleiner Mann wendet sich an einen Polizisten. „Entschuldigen Sie, ich habe eine Bitte. Wären Sie so freundlich, der Frau Kepplinger auf Hausnummer 3 im dritten Stock zu sagen, sie soll aufhören, mit ihrem armen Mann so herumzuschreien?"

„Tja", sagt der Polizist. „Versuchen kann ich's ja. Sind Sie ein Nachbar?"

„Nein", sagt der kleine Mann. „Ich bin der Herr Kepplinger."

„Na, Jürgen, was willst du denn mal werden, wenn du groß bist?" fragt Onkel Heinrich.

„Soldat", sagt Jürgen. „Peng, peng!"

„Komm, Jürgen", sagt Onkel Heinrich. „Das ist doch nichts für dich. Aber du bist erst vier. Wenn du groß bist, denkst du sicher anders darüber."

„Nein", sagt Jürgen. „Ich will Soldat werden. Peng, peng!"

„Paß mal auf", sagt der Onkel, „Soldat sein, das ist eine gefährliche Sache. Da kann man leicht totgeschossen werden!"

„Glaub' ich nicht", sagt Jürgen. „Wer sollte mich denn totschießen?"

„Na, der Feind!"

„Wenn das so ist", sagt Jürgen, „dann werde ich eben Soldat beim Feind."

Tratsch im Treppenhaus. Frau Huber weiß einige hochinteressante Dinge über die neuen Mieter im dritten Stock zu berichten.

„Kommen Sie, Frau Huber", sagt Frau Meier, „erzählen Sie mir doch noch ein paar Dinge!"

„Kann ich nicht", sagt Frau Huber. „Ich hab eh' schon mehr gesagt, als ich weiß!"

Sechs Monate sind die beiden jetzt verheiratet. Der junge Ehemann hat sich seinen Lieblingssessel geschnappt, legt die Beine hoch und vergräbt sich in seiner Zeitung. Da holt sich seine Frau das Strickzeug und klappert eine Weile damit herum. Schließlich sagt sie so ganz nebenbei: „Ich war übrigens heute beim Arzt."

Er liest weiter. Endlich blickt er auf und fragt: „So, warst du. Wie geht's ihm denn?"

Die junge Mutter zeigt der Nachbarin ihr neues Baby.

„Sieht dem Opa aber wirklich sehr ähnlich", sagt die Nachbarin.

„Ich weiß", sagt die Mutter. „Ich hoffe, das gibt sich mit der Zeit."

Horsti findet die ewigen Sonntagnachmittagsbesuche bei Oma ätzend langweilig. „Bitte, bitte", fleht er da seinen Vater an, „laß doch Mama ans Steuer – das ist viel aufregender!"

Tanja hat ihren besonders schnippischen Tag.
„Ich möchte nur mal wissen", sagt sie zu ihrer
Mutter, „wo du all die Sachen gelernt hast, die
du mir verbietest!"

„Nie hörst du mir zu, wenn ich dir was sage!"
ruft der Vater empört. „Wie sollen wir da miteinander auskommen?"
„Ich habe einen Vorschlag", meint Monika. „Du
sagst einfach nichts."

Daniel war das erstemal in seinem Leben im
Pfadfinderlager gewesen. Als er zurückkam, zeigte er stolz seine Ehrenpreise für gutes Schwimmen und andere sportliche Leistungen. Als seine
Mutter noch ein kleines Bändchen auf seiner
Brust entdeckt, meint er lässig: „Das habe ich bekommen, weil mein Rucksack beim Heimmarsch
am besten gepackt gewesen ist."
„Na, so was!" ruft seine Mutter aus. „Da bin ich
aber besonders stolz auf dich!"
„Ach, ich habe ihn doch erst gar nicht ausge-
packt!"

Der dicke Onkel Albert erzählt von seinem letzten Tennismatch: „Da kommt also dieser eklige
Return übers Netz auf mich zu. Mein Gehirn gibt
meinem Körper sofort den Befehl: ‚Laufe nach
vorn. Hebe den Arm. Treffe den Ball. Schlage

ihn genauso eklig zurück ... aber verdammt
schnell!'"
„Und dann, was dann?!" fragt Herta in atemloser
Spannung.
„Und dann?" sagt der dicke Onkel Albert.
„Dann fragt mein Körper: ‚Wer soll das alles
tun – etwa *ich*?'"

Bei Lisa und Linus hat's den ersten richtigen
Krach gegeben. Den ganzen Abend sprechen sie
kein Wort mehr miteinander. Schließlich hält es
Linus nicht mehr aus.
„Bitte sprich wieder mit mir, mein Schatz", flüstert er, „ich geb' ja auch gern zu, daß ich unrecht hatte!"
„Zu spät!" schluchzt Lisa auf. „Ich hab' inzwischen meine Meinung geändert ..."

Hans philosophiert am Stammtisch: „Eigentlich
ist Ehemann ein Beruf wie jeder andere auch ...
Es macht die Sache allerdings leichter, wenn
man den Chef gut leiden kann!"

Mama ist mit ihren fünfjährigen Zwillingen
beim Schlußverkauf. Sie läßt sie zwei gleiche
Mäntelchen probieren.
„Möchten sich die beiden nicht im Spiegel se-
hen?" fragt die Verkäuferin.
„Ach wo", sagt die Mama, „das haben sie noch

nie getan – sie schauen sich einfach gegenseitig
an!"

Bald ist Weihnachten. Zwei Knirpse unterhalten
sich.
,,Wie kannst du behaupten, daß es den Weih-
nachtsmann gar nicht gibt", empört sich der eine.
,,Ich kann beweisen, daß es ihn gibt!"
,,Und wie?"
,,Weil es sonst keinen Sinn hätte, ein braver Bub
zu sein!"

Tante Martha sieht nicht mehr sehr gut, aber sie
ist ja auch schon über siebzig. Ab und zu kommt
sie am Abend, wenn die Eltern ins Kino wollen.
Dann paßt sie auf Peter, Christian, Lisa und Pia
auf.
,,Du weißt ja, die Kinderzimmer sind oben. Und
laß ja keinen mehr herunterkommen, wenn wir
aus dem Haus sind!" schärft ihr die Mutter ein.
Das gefällt Tante Martha, denn sie ist sehr streng
erzogen worden.
An einem dieser Abende hat sie sich eben mit ihrem Strickzeug gemütlich hingesetzt, als sie auf
der Treppe Schritte hört.
,,Sofort gehst du nach oben!" befiehlt sie streng.
Als sie einige Minuten friedlich weitergestrickt
hat, hört sie wieder verstohlenes Tapsen. Diesmal droht sie dem Sünder eine Ohrfeige an, und

wieder wird es still. Dafür klingelt es jetzt an der Haustür. Es ist Frau Meier aus der Nachbarschaft. „Haben Sie vielleicht meinen Willi gesehen?" jammert sie. „Es ist schon zehn, und ich kann ihn nirgends finden ..."

„Hier bin ich, Mutti", tönt es da vom oberen Treppenabsatz. „Die böse Frau läßt mich einfach nicht nach Hause gehen."

Peter ist vier Jahre alt. Wie immer hat er sich die Hände nicht gewaschen. „Pfui, du ...", sagt seine Mutter beim Mittagessen, und dann kommt ein Wort, das sich Peterchen gut merkt.

Als er am Nachmittag allein auf dem Spielplatz ist, sagt er zu jedem der Kinder: „Pfui, du kleines Schweinchen!"

Der Oma von Andreas wird dies langsam zu dumm. Sie geht zu Peter in den Sandkasten und fragt ihn: „Warum sagst du zu allen ‚Pfui, du kleines Schweinchen'?"

„Steck mal deine Hände in den Sand", sagt Peter verschmitzt.

Die Oma tut es, und Peter fordert sie auf: „Zeig mal her!"

Dann schaut er mißbilligend auf ihre Hände und meint: „Pfui, du große Sau!"

Mit nachdenklicher Miene schaut Vater in seinen Geldbeutel, dann blickt er forschend von sei-

ner Frau auf seinen Sohn. „Adrian hat Geld genommen!"

„Aber hör mal, wie kannst du das wissen", empört sich seine Frau. „Vielleicht habe ich es genommen!"

„Ausgeschlossen", Vater schüttelt den Kopf. „Es
ist ja noch etwas drin ..."

Der Fünfjährige spielt im Vorgarten, als der
Postbote draußen vorbeikommt.

„Grüß dich, Kurti, wo ist denn dein Freund
Paul?"

„Fort ist er!" gibt Kurti lakonisch zurück. „Um-
gezogen."

„Ja, und vermißt du ihn denn gar nicht?"

„Doch, doch", gibt Kurti zu. Aber dann denkt er
daran, daß er von Paul doch auch einigemal ver-
möbelt wurde, und sagt:

„Aber ich habe es sehr gern, wenn ich ihn ver-
misse ..."

Seit einigen Tagen liegt im neuen Gefrier-
schrank ein ziemlich großes Paket. Endlich
kommt die Mutter dazu, es zu untersuchen. Und
was findet sie? – Drei Dutzend schöne runde
Schneebälle ...

„Was soll denn das hier?" fragt sie ihren Sieben-
jährigen.

„Bitte nicht wegschmeißen, Mutti", jault Peter-

chen auf. „Was glaubst du, wieviel Geld ich ver-
diene, wenn ich mitten im Sommer echte Januar-
Schneebälle verkaufe!"

Die neunjährige Patricia ist mit ihren Eltern zu
Besuch bei Bekannten.
Nachdenklich betrachtet sie die prallen Bücherre-
gale im Wohnzimmer. Dann meint sie: „Wir holen ja unsere Bücher auch aus der Leihbücherei –
aber *wir* geben sie hinterher wieder zurück!"

Zwei Väter morgens beim Schneeräumen:
„Also, der Winter wär' nicht das Problem – das
Problem ist der Schnee!"
„Nicht nur, nicht nur!" ächzt der andere. „Das
größere Problem ist, wie man 180 Zentimeter
Sohn dazu kriegen könnte, fünf Zentimeter da-
von zu schippen ..."

Herr Rübsam ist wegen seiner Streitlust weit
und breit gefürchtet. Eines Tages kommt er mit
äußerst zufriedener Miene aus dem Büro nach
Hause.
„Dem Chef habe ich's heute aber gegeben!"
prahlt er. „Der wird noch lange an mich denken!"
Frau Rübsam befürchtet das Schlimmste. „Hast
du ihn etwa verprügelt?" erkundigt sie sich zitternd.
Herr Rübsam schüttelt den Kopf.

„Aber er wird dich doch sicher feuern!"
„Kann er doch gar nicht!" ruft Herr Rübsam triumphierend. „Ich habe jedem seiner vier Jungen
hundert Filzstifte geschenkt!"

In der total überfüllten Straßenbahn steht ein fei-
ner Herr neben einer älteren Dame mit zwei
schweren Einkaufstaschen. Vor ihnen hat sich
ein Punk auf einen Sitzplatz gelümmelt und
denkt nicht daran, der Dame seinen Platz anzubie-
ten.
Dem Herrn wird es zu dumm, und er gibt dem
Jungen zwei Mark: „Hier hast du – für deinen
Platz!"
Als der Junge sich erhebt und das Geld höflich
entgegennimmt, sagt der Herr zu der Dame: „Bitte sehr, dieser Platz ist für Sie!" Sie blickt ihn erstaunt an, doch der Herr meint: „Ich wollte dem
Burschen nur eine Lehre erteilen ..."
Die ältere Dame macht es sich bequem. Dann
sagt sie zu dem Jungen: „Fritzi, bedanke dich bei
dem Herrn für das Geld!"
„Aber das hab' ich doch schon getan, Oma!"

Papi kauft zum ersten Mal neue Klamotten für
sein Söhnchen. Als er die Rechnung sieht, ist
er ganz entsetzt: „Kinderhose 156 Mark;
Kinderhemd 94 Mark; Schühchen Größe 28 –
128 Mark ..."

„Ja, sagen Sie mal", fährt er die Verkäuferin an,
„für diese winzigen Dinger verlangen Sie solche
Wahnsinnspreise? Die sind ja teurer als Sachen
für Erwachsene!"
Die Verkäuferin guckt ihn an und sagt: „Seien
Sie bloß froh, daß Ihr Kind keine Ameise ist.
Was glauben Sie, was das erst kosten würde!"

Gemütlich sitzt Opa im Kreis der Familie.
„Opa", sagt Werner vorlaut, „bist du bald tot?"
Opa ist erschüttert. „Warum fragst du das, mein
Junge?"
„Ach eben nur, weil ich mal eine echte Musikka-
pelle spielen sehen möchte!"

Familie Schöbel wohnt im dritten Stock, und
heute ist wieder mal Putztag. Frau Schöbel putzt
die Fenster.
Herr Schöbel blickt von der Zeitung auf und
sagt: „Gib bloß acht, daß du nicht runterfällst!"
„Klar pass' ich auf ...", sagt Frau Schöbel.
Herr Schöbel überlegt eine Weile. „Und wenn du
trotzdem aus dem Fenster fällst", sagt er, „dann
kannst du ja unten gleich den Hund reinlassen."

Ilse geht zur Familienberatung. „Mit meinen Eltern komme ich überhaupt nicht zurecht, seit ich
in die Pubertät gekommen bin – verstehen Sie
das?"

„Und ob ich das verstehe", sagt die freundliche
Psychologin, „als ich vierzehn war wie du, hielt
ich meine alten Herrschaften für die blödesten
Leute auf Erden ..."
„Und", fragt Ilse, „Wie sind Sie damit fertigge-
worden?"
Die Psychologin lächelt: „Als ich dann siebzehn
war, wunderte ich mich nur, wieviel meine Eltern
in drei Jahren dazugelernt hatten."

„Mein Mann ist ein ganz ein lieber Mensch", erzählt Frau Schrödel ihrer Nachbarin. „Er schenkt
mir oft Musikkassetten zu allen Anlässen."
„Zu welchen Anlässen denn?" fragt die Nachbarin.
„Ach", sagt Frau Schrödel, „Musik zum Bügeln,
Musik zum Waschen, Musik zum Putzen ..."

Herr und Frau Schüble stehen vor dem Schei-
dungsrichter.
„Ich halte es mit diesem Mann nicht mehr aus!"
schluchzt Frau Schüble. „Seit drei Jahren hat er
kein Wort mehr mit mir gesprochen!"
„Stimmt das?" fragt der Richter.
„Ja", sagt Herr Schüble. „Sie hat mich einfach
nicht zu Wort kommen lassen."

Der kleine Peter ist zu Besuch bei Oma. Und er
hustet ganz fürchterlich. Da gibt ihm die Oma ei-

nen Löffel Hustensaft. Und noch einen. Peter ist
begeistert. Oma gibt ihm die ganze Flasche mit
nach Hause.
Beim nächsten Besuch bettelt Peter:
,,Oma, hast du noch so einen Hustensaft?"
,,Warum denn, Peter", fragt Oma. ,,Du hast doch
keinen Husten mehr?"
,,Das nicht", gibt Peter zu. ,,Aber der hat mit
Pfannkuchen so prima geschmeckt."

Vater und Sohn wandern durch den Wald.
,,Gib gut acht, Otto, wo du hintrittst", sagt der
Vater. ,,Überall auf dem Boden krabbeln kleine
Tiere. Wenn du eines zertrittst, dann sag' ich's
der Mama, und dann gibt's morgen kein Fernse-
hen!"
In diesem Moment tritt der Vater auf eine
Schnecke.
,,Wie sieht es aus", fragt Otto. ,,Sag' ich es der
Mama, oder sagst du es selbst?"

Frau Müller ist Hausfrau. Und sie hat es wirk-
lich satt, immer nach ihrem Beruf gefragt zu wer-
den. Bei der nächsten Gelegenheit antwortet sie:
,,Ich ziehe Kinder groß."
,,Ach?" kommt die nächste Frage. ,,Sie leiten ein
Kinderheim?"
,,Nein", meint Frau Müller, ,,ich habe einen eige-
nen Betrieb!"

„Du bist doch der Beste hier bei uns im Schwimmverein", sagt Olaf im Freibad zu seinem Freund Erwin. „Sag mal, wie bringt man denn einem Mädchen am besten das Schwimmen bei?"

„Du mußt ganz behutsam sein", sagt Erwin. „Zuerst legst du ihr den Arm um ihre Taille", erklärt Olli, „dann nimmst du sanft die linke Hand und ..."

„Blödsinn", ruft Olaf. „Das Mädchen ist doch meine Schwester!"

„Na", sagt Erwin, „dann wirf sie doch einfach ins Wasser!"

Jahrelang hatte Helma bei Familie Meier den Babysitter gemacht. Sogar nachdem sie geheiratet hatte, kommt sie noch oft die Kinder betreuen. Doch eines Tages sagt sie ab.

„Wieso können Sie nicht kommen?" fragt Herr Meier.

„Ich bekomme ein Kind!" sagt Helma.

„Na, wie find' ich denn das?" empört sich Herr Meier. „Erst bringen wir Ihnen alles bei, und jetzt machen Sie sich selbständig!"

Oskar ist sauer, daß er sein kleines Söhnchen im Park spazierenfahren soll. Und erst recht ärgern ihn die blöden Fragen der Leute.

„Ist das Ihr Kind?" fragt ihn eine ältere Dame

freundlich und guckt lächelnd in den Kinderwagen.

„Nein", knurrt Oskar, „ich hab' es von Bekannten geliehen!"

„Ach", sagt die ältere Dame und guckt noch mal in den Wagen. „Ziemlich häßlicher Wurm, finden Sie nicht auch?"

Ein Arbeitskollege ist bei Bollmanns zu Besuch. Bevor es gemütlich werden kann, müssen noch die drei Kinder gefüttert, gewaschen und zu Bett gebracht werden. In einer Viertelstunde ist alles vorbei. Der Besucher kommt aus dem Staunen nicht heraus.

„Mensch, Ralf", sagt er, „das geht aber fix bei euch!"

„Alles nur eine Frage der Einteilung", sagt Frau Bollmann. „Ich spüle, und mein Mann trocknet ab."

„Ach, Papi", bettelt Petra, „ich möchte so gern ein kleines Kätzchen. Katzen sind sooo süß. Hast du schon mal gesehen, wie sie sich stundenlang das kleine Gesichtchen waschen können?"

„Waschen nennst du das?!" knurrt Papi hinter seiner Zeitung. „Sie spucken sich auf die Füße und fahren damit in ihrem Gesicht herum!"

Im Büro. Stolz zeigt Herr Panzke ein Foto herum. Da kommt ein Kollege ins Zimmer, wirft einen Blick auf das Bild und sagt:
,,Ach, deine Tochter. Wirklich ganz der Papa. Das Mädel ist dir wie aus dem Gesicht geschnitten!"
,,Du Hornochse", fährt ihn Herr Panzke an. ,,Das ist das Röntgenbild von meiner Galle!"

Der zerstreute Professor darf nicht gestört werden. Er macht gerade ein hochwichtiges Experiment. Da stürzt sein Assistent ins Labor und ruft:
,,Herr Professor, Ihre Tochter hat eben angerufen. Sie haben einen Enkel bekommen!"
,,Junge oder Mädchen?" fragt der Professor.
,,Das hat sie mir nicht gesagt, Herr Professor."
,,Das ist aber blöd", sagt der zerstreute Professor.
,,Jetzt weiß ich gar nicht, ob ich Großvater oder Großmutter geworden bin!"

,,Hören Sie mal", beschwert sich der Nachbar bei Frau Mölle, ,,Ihr Dackel hat meinen kleinen Peter jetzt schon zum drittenmal in die Wade gezwickt!"
,,Dann seien Sie froh, daß Ihr Peter schon laufen kann", meint Frau Mölle. ,,Sonst würde ihn mein Waldi in die Nase zwicken."

„Mein Mann hat im Kopf nur sein Auto", beklagt sich Frau Schüble.

„Das ist ja gar nicht schlecht", meint die Nachbarin. „Da sparen Sie sich die Garage."

Herr Mollmann springt wie ein Verrückter im Hof herum, hebt die Hände zum Himmel, stampft mit den Beinen und johlt unverständliches Zeug.

„Ihr Mann da draußen", sagt der Gast zu Frau Mollmann, „was macht der denn da?"

„Er tanzt einen Regentanz", seufzt Frau Mollmann, „der faule Kerl."

„Der ist doch nicht faul", sagt die Freundin, „wo er doch so herumhüpft!"

„Doch ist er faul!" sagt Frau Mollmann. „Er hat keine Lust, das Auto zu waschen."

Schwere Jungs

Frau Knackenschrank besucht ihren Mann im Gefängnis. „So ein Pech, daß du ausgerechnet jetzt einen Hungerstreik machst."
„Warum ist das ein Pech?" fragt Ede Knackenschrank.
„Im Kuchen war eine Feile!"

Der Penner steht wieder einmal vor Gericht.
„Sie haben nach den Zeugenaussagen eine ältere Dame aggressiv um eine Mark angebettelt", sagt der Richter, „und sie dabei eingeschüchtert und bedroht. Bekennen Sie sich schuldig?"
„Halb schuldig", sagt der Angeklagte.
„Was soll das heißen, halb schuldig?"
„Na ja", sagt der Penner, „sie hat mir nur 50 Pfennig gegeben."

Ede Knackenschrank hat heute abend frei und sitzt vor dem Fernseher. Ede junior spielt währenddessen im Gitterbett. Da kündigt die Sprecherin einen Kriminalfilm an: „Der König der Ausbrecher."
„Schnell, Junior, komm!" ruft Ede ins Kinderzimmer. „Studienprogramm!"

Sonntagnachmittag im Knast. Egons Zellengenossen sitzen zusammen und spielen Karten. Nur Egon guckt zu. Das sieht der Wärter und ist erstaunt.

„Na Charly", sagt der Wärter, „warum spielen
Sie denn nicht mit den anderen?"
„Würden Sie denn gern mit Betrügern Karten
spielen?"
„Eigentlich nicht", sagt der Wärter.
„Sehen Sie", sagt Egon, „die beiden wollen das
auch nicht."

Charly der Schränker ist wieder einmal auf frischer Tat ertappt worden. Ein Polizist führt ihn
ab und will ihn eben in das Polizeiauto beför-
dern, als ein heftiger Windstoß durch die Straße
fegt und dem Polizisten die Mütze vom Kopf
weht. Sie kullert um die Ecke.
„Soll ich nachlaufen und Ihnen die Mütze holen?" fragt Charly hoffnungsvoll.
„Das täte dir so passen!" lacht der Polizist. „Damit du abhauen kannst! Nein, nein, du bleibst
schön hier, und die Mütze hol' ich mir selber!"

Olaf der Punk steht wieder einmal vor Gericht –
die Anklage lautet auf „Erregung öffentlichen Är-
gernisses". Zur Verhandlung hat er eine Menge
Freunde mitgebracht. Jedesmal, wenn der Richter
den Mund aufmacht, brüllen sie: „Hurra!". Da
wird es dem Richter zu bunt.
„Den nächsten, der „hurra" schreit, lasse ich
rauswerfen!" droht er.
„Hurra!" brüllt Olaf.

„Papi", fragt Ede junior seinen Vater, „wie lange bist du mit Mami schon verheiratet?"

„Acht Jahre", sagt Ede Knackenschrank.

„So lange!" staunt Ede junior. „Und wie viele Jahre hast du noch?"

Vor Gericht wird ein schwerer Betrugsfall verhandelt.

„Ist es richtig", fragt der Richter, „daß Sie den Leuten Pillen verkaufen, die pro Stück 1000 Mark kosten?"

„Ja", sagt der Angeklagte.

„Und Sie erzählen Ihren Kunden, daß derjenige, der diese Pillen einnimmt, ewig lebt?"

„Das ist richtig."

„Mit anderen Worten: Sie machen den Käufern weis, daß die Pillen gegen Krankheit und Tod helfen. Und Sie nehmen die Pillen auch selbst ein?"

„Ja", sagt der Angeklagte.

„Und ist es richtig, daß Sie wegen dieser Geschäfte schon einige Male verurteilt worden sind?"

„Stimmt!"

„Bitte erzählen Sie dem Gericht, wann Sie zuletzt eingesperrt wurden."

„Tja", sagt der Angeklagte. „Zuletzt war das im Jahr 1951, und davor in den Jahren 1890 und 1749."

Der Verteidiger des kleinen Ganoven ist zuver-
sichtlich. „Passen Sie auf", sagt er, „wenn Sie
dem Richter höflich antworten, wenn Sie alles zu-
geben und den Rest mir überlassen, dann kommen Sie diesmal mit einem blauen Auge davon."
„Wieso denn das?" fragt der Gauner erschrocken. „Ich dachte, die Prügelstrafe ist abge-
schafft?"

„Also, ich bin in der Küche gesessen und habe
gerade Suppe gegessen", erzählt Herr Nowak auf
der Polizeiwachstube, „da müssen die Einbrecher am Werk gewesen sein. Sie haben die Tür
zum Wohnzimmer aufgebrochen, die Schränke
umgestoßen und den Safe aufgebrochen."
„Und das haben Sie nicht gehört?"
„Ich sagte doch", erklärt Herr Nowak ärgerlich,
„ich habe gerade Suppe gegessen."

Und wieder steht Ede wegen Einbruchs vor
Gericht.
„Ich verstehe Sie nicht", sagt der Richter, „jetzt
waren Sie zwei Jahre lang sauber, und dann ma-
chen Sie diese Dummheit und brechen in das
Kaufhaus ein – wegen eines Kleides!"
„Was soll ich machen", sagt Ede kleinlaut. „Mei-
ne Frau hat es sich so gewünscht!"
Der Richter schüttelt den Kopf.
„Und warum, um alles in der Welt, sind Sie in

der nächsten Nacht zurückgekommen und haben noch einmal eingebrochen?"

„Meine Frau", sagt Ede, „meine Frau wollte, daß ich es umtausche."

Überfall auf die Kreissparkasse. Sofort springt der Direktor auf den Alarmknopf und bleibt darauf stehen. Und bleibt darauf stehen, während die drei maskierten Gangster die Geldbündel in ihre Tüten stopfen. Und er steht auf dem Alarmknopf, während sie davonstürmen, ins Auto springen und mit quietschenden Reifen davonrasen. Der Direktor steht noch immer auf dem Alarmknopf, als das Telefon klingelt. Ein Polizist meldet sich und sagt: „Bei uns klingelt es und klingelt es. Wir sind schon ganz verrückt. Wahrscheinlich steht bei euch einer auf dem Alarmknopf!"

„Sag mal, Heinz, warum bist du eigentlich Polizist geworden?"

„Weil das der einzige Beruf ist", sagt Heinz, „bei dem der Kunde immer unrecht hat!"

Sherlock Holmes und sein Assistent Watson inspizieren den Tatort.

„Ich vermute", sagt der geniale Detektiv, „daß der Täter noch bis vor kurzer Zeit ein starker Raucher gewesen ist!"

„Wie haben Sie denn das herausgefunden?" fragt
Watson erstaunt.

„Ganz einfach", sagt Sherlock Holmes. „Er hat
seinen Kaugummi im Aschenbecher ausge-
drückt."

Ede junior hat sich von Papi den Wagen ausge-
liehen und fährt mit Karacho durch die Stadt.
Eine Polizeistreife rast hinter ihm her und stoppt
den jungen Mann.

„Ihren Führerschein, bitte", sagt der Beamte.

„Wieso Führerschein?" fragt Ede erstaunt. „Den
gibt's doch erst ab 18!"

Seit Wochen graben Ede und Paule Nacht für
Nacht an einem unterirdischen Gang zum Keller
der Bank. Endlich sind sie durch. Sie stehen vor
dem Tresorraum – und Ede kann ihr Pech nicht
fassen. „Verdammt, alles umsonst", knurrt Ede
enttäuscht.

„Warum denn?" flüstert Paule.

„Kannst du denn das Schild nicht lesen?" sagt
Ede. „Da steht: ,Eintritt für Unbefugte verboten!'"

Der Richter Schöbl ist heute nicht mehr ganz
auf der Höhe.

„Sie behaupten also", herrscht er den Angeklagten an, „daß Sie einen Bruder haben. Aber eben

hat Ihre Schwester gesagt, daß sie zwei Brüder hat ..."

Der Polizist hastet einem Verdächtigen nach und stellt ihn.

„Ich nehme Sie vorläufig fest", ruft der Beamte. „Sie stehen im Verdacht, einen Kleinwagen geklaut zu haben!"

„Unsinn!" sagt der Mann. „Ich war's nicht. Und wenn Sie mir nicht glauben, dann durchsuchen Sie mich halt."

Ein Mann stürzt aufgeregt in die Polizeiwachstube.

„Ich komme eben aus dem Laden und will zu meinem Auto zurückgehen, da sehe ich, wie jemand die Scheibe einschlägt, die Tür aufreißt und mit meinem Auto davonbraust!"

„Und können Sie den Dieb beschreiben?" fragt der Polizist.

„Das nicht", sagt der Mann, „aber ich habe mir die Autonummer notiert!"

„Ich verstehe nicht, warum Sie noch leugnen", sagt der Richter zum Angeklagten. „Ich kann Ihnen fünf Zeugen bringen, die gesehen haben, wie Sie das Fahrrad aus dem Kaufhaus schaffen und damit abhauen wollten!"

„Na und?" sagt der Angeklagte. „Ich kann Ihnen

fünf Millionen Zeugen bringen, die das nicht gesehen haben!"

„Raubüberfall in der Bahnhofspassage", meldet
der neue Polizist über Funk. „Zwei Männer haben einen Gepäckträger überfallen. Aber ich
konnte einen von ihnen festhalten!"
„Verstanden", funkt die Zentrale zurück. „Welchen von ihnen?"
„Den Gepäckträger!"

„Sie geben also zu, das Fahrrad genommen zu
haben", sagt der Richter zum Angeklagten.
„Ja, aber ich habe es für herrenloses Gut
gehalten."
„Und wie sind Sie auf diese Idee gekommen?"
„Na ja", sagt der Angeklagte. „Es hatte an der
Friedhofsmauer gelehnt. Und da dachte ich, der
Besitzer ist bestimmt schon tot."

Zwei Autos sind zusammengestoßen, und jetzt
warten die beiden Fahrer auf die Polizei. Der
eine Fahrer zieht plötzlich eine Schnapsflasche
aus der Tasche und sagt: „Hier, nehmen Sie mal
'nen tüchtigen Schluck. Das hilft garantiert nach
diesem Schreck!"
Der zweite Fahrer trinkt, wischt sich den Mund
ab und sagt zum anderen. „Und Sie – Sie trinken
nicht?"

„Doch", sagt der erste Fahrer. „Aber erst, wenn die Polizei dagewesen ist."

Der Franz und der Sepp haben im Wirtshaus tüchtig gerauft, und der Franz hatte nachher ein Ohr weniger. Jetzt ist Gerichtsverhandlung. Sepps Verteidiger tut sein Bestes.
„Und Sie haben mit eigenen Augen gesehen", fragt er den Wirt, „wie der Sepp dem Franz das Ohr abgebissen hat?"
„Das habe ich nicht gesehen", räumt der Wirt ein.
„Na also!" ruft der Verteidiger.
„Aber ich habe gesehen", fährt der Wirt fort, „wie der Sepp dem Franz sein Ohr ausgespuckt hat."

Und dann gab es wieder einmal eine Wirtshausrauferei. Der Karl soll diesmal dem Toni einen Maßkrug hinterrücks auf den Kopf gehauen haben. Der Dorfpolizist kann es gar nicht glauben.
„Laß dich mal anschauen, Toni", sagt er und untersucht Tonis Kopf. „Der Karl hat dir den Maßkrug auf den Kopf gehaut – komisch, da sieht man ja gar nichts!"
„Ja freilich nicht", sagt der Toni. „Es war ja der Maßkrug, der hin geworden ist!"

,,Wir wissen, daß Sie den Geldtransporter überfallen haben", sagt der Kommissar und zündet
sich eine Pfeife an, während er dem Gangster
hart ins Auge schaut. ,,Wir wissen das, aber wir
haben keinen Beweis. Deshalb müssen wir Sie
freilassen."
Der Gangster kann's gar nicht fassen. ,,Heißt
das ..."
,,Sie können gehen", sagt der Kommissar.
,,Und was ist mit dem Geld?" fragt der Gangster,
,,darf ich das behalten?"

Paulchen wird geschnappt, als er im Laden eine
Packung Zigaretten klauen will. Und weil das lei-
der nicht das erstemal ist, wird die Polizei geru-
fen.
,,Wie heißt du?" fragt der Beamte.
,,Paulchen."
,,Und weiter?"
,,Paulchen Bolle."
,,Geboren am?"
,,Was meinen Sie?"
,,Na", sagt der Polizist, ,,wann du Geburtstag
hast!"
,,Sag' ich nicht", sagt Paulchen mürrisch. ,,Sie
schenken mir ja doch nichts."

Der Gefängnisdirektor geht in Pension und gibt
der Zeitung ein Interview.

„Was betrachten Sie als Ihren größten Erfolg?"
fragt der Reporter.
Der Direktor denkt nach. Dann sagt er: „Das war
vielleicht die Sache mit Schränker-Kurt und
Knacker-Franz. Die beiden waren nicht besonders helle, aber fleißige Einbrecher und gefährliche Ausbrecher. Also haben wir Kurt und Franz
in den Hochsicherheitstrakt des Gefängnisses verlegt. Dort entwickelten sie eine geniale Methode,
miteinander zu kommunizieren. Sie dachten sich
einen geheimen Morsecode aus und trommelten
ihre Botschaften auf den Heizungsrohren. Später
gelang es uns doch, die Verbindung zwischen
den beiden zu unterbrechen."
„Wie haben Sie das geschafft", fragt der Reporter.
„Wir haben sie in verschiedene Zellen verlegt."

Der Kriminalbeamte verhört den Verdächtigen.
„Also", sagt der Beamte. „Ihre erste Frau ist an
Pilzvergiftung gestorben und hat Ihnen ein Haus
hinterlassen. Ihre zweite Frau ist an Pilzvergiftung gestorben und hat Ihnen die Firma hinterlassen. Ihre dritte Frau ist an Pilzvergiftung
gestorben und hat Ihnen den gesamten Schmuck
hinterlassen. Und jetzt ist Ihre vierte Frau vom
Kirchturm gefallen und hat Ihnen die Yacht hinterlassen."
Der Kriminalbeamte starrt den Verdächtigen an.

„Und das finden Sie nicht etwas merkwürdig?"
„Gar nicht", sagt der Verdächtige. „Sie wollte
keine Pilze essen."

Der kleine Rolf ist von Gangstern gekidnappt
worden. Bei den Eltern meldet sich ein Anrufer:
„Wenn Sie nicht bis morgen eine Million Mark
bereit haben, sehen Sie Ihren Sohn nie wieder!"
„Was machen wir bloß?" schluchzt die Mutter.
„Abwarten!" sagt der Vater grimmig.
Am nächsten Tag meldet sich der Anrufer wieder: „Eine halbe Million Mark, sonst ..."
„Abwarten", meint der Vater.
Nächster Tag, nächster Anruf: 50 000 Mark,
sonst ...
„Siehst du", sagt der Vater grimmig. „Ich kenne
unseren Rolf. Wenn wir noch zwei Tage warten,
bieten uns die Gangster noch Geld, damit wir ihn
zurücknehmen!"

Schlagzeile im Ostfriesischen Kreisblatt:
BANKÜBERFALL! RÄUBER ENTKOMMEN MIT
ZWEI MILLIONEN MARK
Polizei rätselt noch immer über das Tatmotiv.

Die beiden Einbrecher durchwühlen gerade das
Schlafzimmer, als sie Polizeisirenen hören.
„Schnell, Paule", zischt Ede. „Raus aus dem Fen-
ster!"

„Bist du verrückt?" flüstert Paule. „Wir sind doch im dreizehnten Stock!"
„Na und?" ruft Ede. „Bist du etwa abergläubisch?"

Ein junger Polizeibeamter ist ganz frisch von der Polizeischule gekommen. Und wie es das Unglück will, gerät er auf seinem ersten Streifengang mit einem Schläger aneinander. Peng! Ein Schlag, und der Polizist liegt auf dem Pflaster ... Zum Glück hat sein Kollege das gesehen, eilt herbei und schlägt den Bösewicht in die Flucht.
Doch auch der junge Polizist nimmt sofort Reißaus!
Endlich hat ihn der ältere eingeholt und kann ihn festhalten. „Was ist denn los mit dir, warum rennst du denn weg?"
„O verdammt", sagt da der junge, „jetzt hab' ich doch glatt vergessen, daß ich Polizist bin! – Da, wo ich aufgewachsen bin, liefen wir immer weg, wenn sich mal einer blicken ließ ..."

Rochus hat es ein für allemal satt. Nie bringt ihm das Christkind all die schönen Sachen, die er sich gewünscht hat. Heimlich geht er mit seinem alten Kinderwagen zur nächsten Kirche und schnappt sich eine Josefsfigur und eine Maria ohne Kind.
Zu Hause schreibt er dann seinen diesjährigen

Wunschzettel: „Sehr verehrtes Christkind, ich
wünsche mir dieses Jahr ein Rennrad, ein Pony
und einen großen Farbfernseher. Solltest Du mir
diese Wünsche nicht erfüllen, siehst Du Deine Eltern nie mehr wieder ..."

Richter: „Angeklagter, warum haben Sie den
Zahnarzt geschlagen?"
Angeklagter: „Er ist mir plötzlich auf den Nerv
gegangen!"

„Sag mal, Ede, warum haben sie dich denn
schon wieder eingelocht?"
„Ich habe zu kurze Beine."
„Aber deshalb landet man doch nicht im Gefängnis!"
„Doch, wenn man auch noch zu lange Finger
hat!"

Klaus Klaumich steht wieder einmal vor Ge-
richt. „Wo arbeiten Sie eigentlich?" fragt der
Richter.
„Ach, dort und da", sagt Klaus.
„Und wann?"
„Dann und wann."
„Und was arbeiten Sie?" will der Richter wissen.
„Ach, dies und das", meint Klaus.
„Tja", sagt der Richter, „diesmal werde ich Sie
wohl hinter Gitter schicken müssen."

,,Und wann komme ich wieder raus?"
,,Ach", sagt der Richter, ,,früher oder später."

,,Ihr Name ist Horst Meier?" fragt der Richter.
,,Richtig", sagt der Angeklagte.
,,Als Sie nach der Rauferei festgenommen wurden, hatten Sie behauptet, Eberhard Müller zu heißen. Wie kommt denn das?"
,,Wissen Sie", sagt der Angeklagte, ,,bei so einer Auseinandersetzung, da kenne ich mich manchmal selber nicht."

,,Jetzt stehen Sie schon wieder vor Gericht – und wieder, weil Sie einen Tresor aufgebrochen haben!" herrscht der Richter den Angeklagten an.
,,Ja", sagt der Einbrecher, ,,ich habe ein Gesundheitsproblem, wenn ich einen Tresor sehe."
,,Ach, welches denn?"
,,Brechreiz!"

Der Kommissar zu seinen Mitarbeitern: ,,Meine Herren, damit Sie es alle wissen, meine Frau wird in einem halben Jahr Mutter!"
Verlegenes Schweigen. Schließlich räuspert sich sein Assistent: ,,Und? Haben Sie schon jemand in Verdacht?"

Hammer-Ede ist wieder verknackt worden. Aber diesmal führt er sich im Gefängnis beson-

ders gut. Und als am Sonntag plötzlich ein
Meßdiener ausfällt, bietet er sich sofort an, diese
Aufgabe zu übernehmen.
Hinterher fragt ihn Keulen-Willi: „Na, hast du
Schiß gehabt ...?"
„Das kannst du aber laut sagen", gesteht Ede,
„seit meinem ersten Raubüberfall war ich nicht
mehr so nervös!"

Spätnachts in der Gaunerkneipe. „Es gibt wohl
niemanden auf dieser Welt, aus dem ich nicht
noch was herausholen könnte", prahlt Erwin der
Erpresser.
„Das will ich aber sehen!" sagt plötzlich ein Skelett und setzt sich mit an den Tisch.
„Kein Problem", grinst Erwin der Erpresser,
„zehntausend Mark – oder ich mach' Knochen-
mehl aus dir."

„Schlimmes, sehr Schlimmes sehe ich für Sie
voraus", verheißt die Wahrsagerin ihrer Kundin.
Sie wird ganz bleich. „Wenn mich meine Kri-
stallkugel nicht täuscht", murmelt sie, „wird Ihr
Mann bald umgebracht."
„Super", sagt die Kundin, „und wird mich die
Polizei kriegen?"

Dracula überfällt eine Bank. „Alles Geld her",
brüllt er, „oder ich beiße!"

Der Kassierer bleibt gefaßt und sagt: „Wir haben hier Sicherheitsglas!"
Da zieht Dracula wieder ab. Doch am nächsten Tag ist er wieder da.
„Geld her oder ich kratze!"
„Kein Problem", sagt der Kassierer, „in unser Sicherheitsglas können Sie gerne reinkratzen – aber Geld gibt's nicht!"
„Verdammt, dann nehme ich den Polizisten draußen als Geisel!" ruft Dracula.
„Machen Sie das mal", sagt der Kassierer, „Das ist der Typ, der mir dauernd die Strafmandate aufbrummt!"

Zwei Skelette sitzen im Biergarten und trinken ein Bier nach dem anderen.
„Schön anzuschauen sind die beiden ja nicht", sagt der eine Kellner zum anderen, „aber eins muß man ihnen lassen: Saufen, das können sie!"

Der wilde Tom ist wegen Pferdediebstahl zum Tode verurteilt worden. „Ach, dieses Wetter", jammert er, „da bekomme ich immer wahnsinniges Kopfweh."
Grinst der Sheriff und greift zum Strick: „Na, gegen das Wetter kann ich auch nichts machen. Aber gegen deine Kopfschmerzen, da hab' ich ein prima Mittel!"

Schränker-Klaus steht vor Gericht.

„Können Sie beschwören, daß Sie am fraglichen Abend allein zu Hause waren?" fragt ihn der Richter.

„Klar", sagt Schränker-Klaus.

„Und Sie sind sich im klaren darüber, welche Folgen ein Meineid haben würde?"

„Natürlich", meint Schränker-Klaus. „Ich bin doch schon zweimal wegen Meineid gesessen!"

Der Autodieb steht vor Gericht.

„Was ist Ihr Beruf?" will der Richter wissen.

„Imker", sagt der Angeklagte.

„Imker?" meint der Richter erstaunt. „Wie viele Bienen haben Sie denn?"

„Vier", sagt der Angeklagte. „Eine in Bielefeld, eine in Münster und zwei in Berlin."

Einbrecher-Franze ist seit vielen Jahren im Geschäft. Doch so einen netten Empfang wie bei diesem Einbruch hat er noch niemals erlebt.

Eben schleicht er durch die Küche, da dreht jemand das Licht auf. Franze erstarrt.

„Schön, daß Sie da sind!" begrüßt ihn der Herr des Hauses. „Seit zwanzig Jahren weckt mich meine Frau in der Nacht auf, weil sie meint, bei uns wird eingebrochen. Jetzt bin ich echt froh, daß Sie endlich wirklich gekommen sind."

Oma liest laut die Schlagzeile der Zeitung:
„Polizei sucht raffinierten Trickbetrüger!"
Sie läßt die Zeitung sinken. „Verstehe ich nicht",
meint sie. „Wozu braucht man bei der Polizei
bloß einen Betrüger?"

Kommt ein Bankräuber in die Bank marschiert
und muffelt unter seiner Maske: „Alles Geld her,
oder ich puste dir den Mund voll Blei!"
„Super", antwortet der Bankkassierer und sperrt
den Mund auf. „Sehen Sie – links unten der
Backenzahn –, der braucht schon lange eine neue
Füllung!"

Im Wilden Westen:
Jack, der berüchtigte Räuber, trifft seinen Kum-
pel Doppelhand-Bill direkt vor der Bank von
Richtown.
„Gut, daß ich dich treffe, Bill", knurrt Jack,
„kannst du mir mal einen von deinen Colts lei-
hen?"
„Klar doch", knurrt Bill, „den mit sechs Patro-
nen oder den Neunschüssigen?"
Jack überlegt kurz, sagt „Moment mal" und stie-
felt in die Bank.
Nach einer Weile kommt er wieder und knurrt:
„Die haben mindestens sieben Beamte. Gib mir
vorsichtshalber den Neunschüssigen."

Der Polizist rennt dem flüchtigen Einbrecher nach. Die wilde Jagd führt über Straßen, über die Hinterhöfe und durch den Park. Der Beamte ist dem Einbrecher immer dicht auf den Fersen, aber er erwischt ihn einfach nicht. Nach einer halben Stunde sind die beiden total erschöpft und liegen keuchend auf der Wiese. Nach einer Weile rappelt sich der Polizist auf und sagt:
„Na, wie schaut's aus? Packen wir's wieder?"

Der Häftling läßt sich den Backenzahn ziehen. Dann den Blinddarm herausnehmen. Dann die Mandeln entfernen. Als er wieder in die Zelle zurückkommt, droht ihm der Wärter:
„Jetzt ist aber Schluß. Ich habe dich durchschaut. Du bist gar nicht krank. Du willst bloß stückweise abhauen!"

Zwei Betrüger tauschen ihre Erfahrungen aus.
„Also, ich mache das meiste Geld beim Pokern", sagt der eine. „Ich kenne da ein paar wunderbare Tricks, wie man die Karten aus dem Ärmel zaubert. Und wie machst du dein Geld?"
„Ich wette bei Pferderennen", meint der andere.
„Ach!" staunt der erste. „Und wo versteckst du dein Pferd?"

Frau Panzerknacker und ihre Freundin unterhalten sich bei Kaffee und Kuchen, da kommt Panzerknacker-Kurt nach Hause. Er ist mit den Nerven völlig fertig. Zitternd gießt er sich einen Drink ein. Dann legt er sich nieder.

„Dein Mann hat ja wirklich einen aufreibenden Beruf", sagt die Freundin zu Frau Panzerknacker. „Dauernd diese Hochspannung beim Aufknacken der Panzerschränke!"

„Das ist es eigentlich nicht, was ihn so fertigmacht", sagt Frau Panzerknacker. „Was ihn so nervös macht, ist die Heimfahrt mit der U-Bahn!"

„Was ist denn daran so aufregend?"

„Tja", sagt Frau Panzerknacker, „er fährt immer schwarz."

Kalle ist wieder im Knast gelandet. Seine Kameraden begrüßen ihn johlend.

„Was hast du denn diesmal ausgefressen?" fragt Ede.

„Ich habe versucht, einen Polizisten zu bestechen", sagt Kalle.

„Womit denn?"

„Mit einem Messer."

So ein Unsinn

Kennst du die Geschichte vom kleinen Jungen, der mit dem Zirkus abgehauen ist? – Er mußte ihn am nächsten Tag wieder zurückbringen.

Safariurlaub in der afrikanischen Steppe. Die Reisegruppe wandert ein Stück zu Fuß. Alle schreiten tüchtig voran, nur Herr Schüble kommt nur mühsam voran. Er schleppt einen riesigen Stein mit.

„Was wollen Sie denn mit diesem Stein?" fragt der Reiseleiter.

„Den brauche ich, wenn ein Löwe kommt!" sagt Herr Schüble.

„Ach, und was wollen Sie damit machen, wenn ein Löwe kommt?"

„Dann lass' ich ihn fallen", erklärt Herr Schüble. „Was glauben Sie, wie schnell ich dann rennen kann!"

Ein Skelett sitzt auf dem Grab und pafft fröhlich vor sich hin.

Kommt ein anderes Skelett und sagt: „Jetzt sag mal, rauchst du denn noch immer?"

„Schon", sagt der Raucher, „aber keine Lungenzüge!"

Der Hinterhuberbauer hat wieder einmal einen über den Durst getrunken, und jetzt will er endlich ins Bett. Aber ganz einfach ist das nicht mit

so einem gewaltigen Rausch. Schwankend steht
der Hinterhuberbauer in seiner Schlafkammer,
schwankend geht er auf das Bett zu und bum! –
liegt er auf dem Boden neben dem Bett. Und
krabbelt wieder auf. Alles dreht sich um ihn herum. Und noch ein Versuch. Und wieder – bum!,
daneben.

,,Jetzt mach' ich's ganz anders", brummt der Hinterhuberbauer und rappelt sich hoch. ,,Jetzt lauf'
ich dem blöden Bett nicht mehr nach. Jetzt stelle
ich mich hierher, und wenn das Bett wieder vorbeikommt – dann springe ich hinein!"

,,Ich bin dick und nahrhaft", sagt die Kartoffel
zum Spargel. ,,Du bist dünn und wäßrig. Ich versteh' einfach nicht, warum du so viel teurer bist
als ich!"
,,Tja", lacht die Spargel, ,,Köpfchen muß man haben!"

Der Kunde betritt die Bank und blättert zehn
Hundertmarkscheine auf den Schalter. ,,Bitte geben Sie mir dafür einen Tausendmarkschein. Ach
ja. Und es soll ein Geschenk sein. Bitte machen
Sie den Preis ab."

Herr und Frau Pott gehen in die Oper und schau-
en sich ,,Don Carlos" an. Der Sänger, der den
Don Carlos gibt, ist stimmlich nicht ganz auf der

Höhe. Er quietscht und rumpelt, und außerdem fuchtelt er dramatisch herum.

„Laß uns gehen", flüstert Herr Pott. „Ich halte den Kerl einfach nicht aus!"

„Aber ich will bleiben!" flüstert Frau Pott zurück. „Ich kenne das Stück. Am Ende bringen sie den Don Carlos um, und das lasse ich mir nicht entgehen!"

Ewald und Oswald dürfen in der Küche des Irrenhauses helfen. Da klingelt die Eieruhr. Sie klingelt und klingelt.

„Nun heb doch schon endlich ab!" ruft Ewald.

„Bin ich denn blöd?" brummt Oswald. „Das ist nämlich gar kein Telefon, sondern eine Eieruhr. Da hat sich sicher einer verwählt."

Das Skelett will sich eine Hose kaufen.

„Da hätten wir eine elegante Hose aus Schurwolle", sagt der Verkäufer, „oder wie wär's mit einer Schnürlsamthose? Sehr zu empfehlen wäre auch diese knitterfreie Baumwollhose."

„Nein, nein", sagt das Skelett. „Ich will eine Jeans."

„Und warum?"

„Die hält ein Leben lang."

Das Neueste vom zerstreuten Professor: Neulich guckt er sich statt in den Handspiegel in die Kleiderbürste. ,,Verflixt", brummt er, ,,hab' schon wieder vergessen, mich zu rasieren."

Bei der Firma Knoll, Knoll und Knoll klingelt das Telefon.
,,Knoll, Knoll und Knoll", meldet sich die Sekretärin.
,,Geben Sie mir Knoll, Knoll und Knoll", verlangt die Stimme.
,,Wer spricht denn dort?"
,,Finanzamt, Finanzamt und Finanzamt!"

Leserbrief im Schottischen Tagblatt:
,,Wenn Sie nicht sofort aufhören, diese dummen, rassistischen und diskriminierenden Schottenwitze abzudrucken, muß ich meinen Friseur bitten, Ihr Blatt abzubestellen."

Die Dame mit den ungewöhnlich großen Füßen geht stolz im Schuhladen auf und ab und strahlt.
,,Endlich habe ich einmal Schuhe gefunden, die mir wirklich passen. Und wie wunderbar leicht sie außerdem sind!"
,,Kein Wunder", sagt die Verkäuferin. ,,Was Sie anhaben, sind die Kartons!"

Der kleine Klaus kommt heulend von der Schule nach Hause.
,,Die anderen Kinder lachen mich immer aus,

weil ich so große platte Füße habe!" ruft er weinend.

„Ach komm, Kläuschen", tröstet Mami. „Das stimmt doch gar nicht. Kinder erzählen oft dummes Zeug. Das darf man nicht so wichtig nehmen. Und jetzt darfst du dir ein Plätzchen aus der Küche holen!"

Der kleine Klaus steht wie angewurzelt.

„Warum läufst du nicht in die Küche?" fragt ihn die Mutter.

„Ich kann nicht", sagt Kläuschen. „Du stehst mir auf den Füßen."

„Frechheit! Da habe ich dir meine schönste Langspielplatte geliehen, und dann hast du sie mir total zerkratzt!"

„Hab' ich nicht! Ich hab' dir bloß die tollsten Stellen angekreuzt!"

Herr Knolle ist auf der Autobahn unterwegs. Da sieht er im Rückspiegel plötzlich ein kleines, gefiedertes Ding herankommen. Herr Knolle tritt aufs Gas, doch das kleine, gefiederte Ding läßt sich nicht abschütteln und kommt immer näher. So schnell Herr Knolle auch fährt – das kleine, gefiederte Ding überholt ihn und biegt bei der nächsten Ausfahrt ab. Herr Knolle fährt hinterher. Das kleine, gefiederte Ding springt über die Leitplanke, hüpft über die Hecke und ist ver-

schwunden. Herr Knolle fährt rechts ran und
läuft dem rätselhaften Wesen nach. Da kommt er
bei einem Bauernhof vorbei.

Er klopft und ruft: „Haben Sie dieses kleine, gefiederte Ding gesehen, das durch die Gegend
rast?"

„Klar", sagt der Bauer. „Das ist eins unserer drei-
beinigen Hühner!"

„Was!" sagt Herr Knolle. „Sie haben dreibeinige
Hühner?"

„Klar", sagt der Bauer. „Das ist praktisch. Ein
Schenkel für mich, einer für meine Frau und einer für meinen Sohn. Da gibt es keinen Streit
mehr."

„So etwas", sagt Herr Knolle. „Und – wie
schmeckt so ein dreibeiniges Huhn?"

„Keine Ahnung", sagt der Bauer. „Wir haben
noch keins erwischt."

„Ich hab' dauernd so Schmerzen in der Hüfte",
klagt das eine Skelett. „Hoffentlich kann mir
noch geholfen werden!"

„Warst du denn schon beim Arzt?" fragt das andere Skelett.

„Doch, war ich. Aber der Doktor muß erst die
Röntgenbilder abwarten."

Jetzt herrscht schon seit Wochen wunderschö-
nes Wetter. Der Himmel ist blitzblank und blau.

Da wird es den Engeln im Himmel zu dumm. Sie melden sich bei Petrus an.

„Bitte, lieber Petrus, mach endlich ein paar Wolken, bitte, bitte!"

„Aber warum denn?" brummt Petrus.

„Damit wir uns endlich wieder mal hinsetzen können!"

Wieder einmal ist Emil aus der Nervenheilanstalt ausgebüxt. Nach drei Tagen hat man ihn wieder gefunden, in einer U-Bahn-Toilette. Jetzt ist er wieder in der Anstalt, und seine Freunde fragen ihn, wo er war.

„Bei einem Riesen im Keller", sagt Emil.

„Wieso, hast du den Riesen gesehen?"

„Das nicht", sagt Emil. „Aber seine Spielzeugeisenbahn."

Da war doch dieser Dummkopf, der im Laden eine durchgebrannte Glühbirne verlangte. Er brauchte sie für seine neue Dunkelkammer.

Ein Leichenwagen fährt durch die Straße.
Am Gehsteig winkt ein Skelett und ruft: „Hallo Taxi!"

Zwei Irre in der Straßenbahn.
„Welche Schuhnummer hast du eigentlich?"
„Halb zwei!"

„Dann müssen wir bei der nächsten Station aussteigen."

Der kleine Spatz hat sich zu weit an den Rand des Nestes gewagt. Und jetzt ist er hinausgefallen und fällt und fällt und fällt noch immer ...
„Alles in Ordnung?" ruft Mutter Spatz.
„Bis jetzt schon", ruft der kleine Spatz zurück.

Vor der großen musikalischen Fernsehshow. Alle Musikanten stehen bereit, nur der Zitherspieler fehlt noch. Aufgeregt läuft der Regisseur herum und brüllt: „Verflixt und zugenäht, in fünf Minuten gehen wir auf Sendung. Wo ist denn dieser Kerl!"
Meldet sich der Assistent: „Der Zitherspieler? Der sitzt im Kühlschrank in der Kantine. Ich glaube, der macht sich für seinen Auftritt kalt."

Der Weihnachtsmann steht völlig betrunken an der Bar und bestellt sich noch einen doppelten Korn.
„Ich halte diese Ungerechtigkeit nicht aus", sagt er mit schwerer Zunge.
„Welche Ungerechtigkeit?" fragt der Wirt.
„Na", lallt der Weihnachtsmann. „Mich gibt es überhaupt nicht. Und Sie – Sie gibt es doppelt!"

Vor dem großen Himmelstor stehen zwei Männer und bitten um Einlaß – ein Pfarrer und ein Taxifahrer. Petrus sieht den Taxifahrer, strahlt über das ganze Antlitz und winkt ihn in den Himmel. Dann mustert er den Pfarrer streng und wiegt bedenklich das Haupt.

„Wieso läßt du den Taxifahrer rein und mich nicht?" ruft der Pfarrer. „Zeit meines Lebens habe ich mich bemüht, daß meine Gemeindemitglieder morgens und abends gebetet haben!"

„Tja", sagt Petrus. „Aber wie dieser Taxifahrer gefahren ist, da haben alle ständig gebetet!"

Heiner und Holger gucken sich einen alten Wildwestfilm an. John Wayne, der berühmte Westernheld, reitet gerade in die Stadt ein. Auf den Dächern liegen Schurken auf der Lauer. Jetzt wird es richtig spannend.

„Ich wette mit dir um zehn Mark, daß er gleich vom Pferd fällt", flüstert Heiner. „Und ich wette mit dir, daß er oben bleibt", flüstert Holger zurück.

Da fangen die Banditen plötzlich an wie wild zu schießen, das Pferd scheut, steigt auf und wirft John Wayne ab.

„Ich hab' verloren", sagt Holger und sucht nach dem Geld.

„Laß mal", sagt Heiner, „ich habe geschwindelt. Ich hab' den Film nämlich schon mal gesehen."

„Ich hab' ihn auch schon gesehen", flüstert Holger, „aber ich habe nicht geglaubt, daß John Wayne so blöd ist und schon wieder runterfällt!"

Frühmorgens wankt Graf Dracula nach Hause. Er ist so beschwipst, daß er Mühe hat, in den Sarg zu klettern.
„Glaub bloß nicht, daß ich dir helfe", zischt Gräfin Dracula. „Was mußt du auch immer Säufer beißen!"

Zwei Skelette beschließen, auf Urlaub nach Italien ans Meer zu fahren. Vorsichtig buddeln sie sich aus den Gräbern und machen sich auf den Weg. Das eine Skelett schultert den Grabstein und flüstert: „Los, nimm dir deinen Stein!"
„Ich bin doch nicht verrückt", flüstert das andere Skelett, „und schleppe dieses schwere Ding mit mir herum!"
„Na, du Schlaumeier", sagt das Skelett mit dem Grabstein, „dann erkläre mir, wie wir ohne Ausweis über die Grenze kommen!"

Zwei Damenschirme im Schirmständer. Kommt ein Spazierstock dazu. „Iiii!" kreischen die Schirme. „Ein nackter Mann!"

Verkäuferin: „Womit kann ich dienen?"
Kunde: „Ich brauche eine Unterhose."

Verkäuferin: ,,Und wie lang?"
Kunde: ,,Den ganzen Winter."

Zwei Tomaten treffen sich auf der Straße. ,,Hallo Tomate!" ruft die eine. In diesem Moment wird sie von einem Auto überfahren. ,,Tschüs, Ketchup!" ruft die andere.

,,Herr Ober, in meiner Suppe schwimmen vier Fliegen!"
,,Gott, wie niedlich!" ruft der Ober. ,,Eine Staffel!"

,,Wir müssen diesen Gast unbedingt aus dem Lokal kriegen", sagt der Kellner zum Wirt. ,,Er sitzt seit zwei Stunden am Tisch in der Ecke und schläft."
,,Na, dann wecken Sie ihn doch auf", sagt der Wirt.
,,Das ist mir aber unangenehm!"
,,Warum denn das?"
,,Ich habe ihn doch schon dreimal geweckt", sagt der Kellner verlegen. ,,Und jedesmal hat er seine Rechnung bezahlt, und dann ist er einfach wieder eingeschlafen."

Zwei Irre unterhalten sich.
,,Meine neue Freundin hat einen Zwillingsbruder", erzählt der eine.

„Na, hoffentlich verwechselst du die beiden nicht", sagt der andere Irre.

„Keine Sorge", sagt der erste Irre. „Die mit dem Schnurrbart, das ist meine Freundin."

In der Kneipe unterhalten sich zwei Bekannte.

„Sag mal, Fritz", sagt der eine, „wer ist denn bei euch eigentlich der Herr im Haus?"

„Das haben wir genau aufgeteilt", sagt Fritz. „Jeder hat seinen Bereich, in dem er bestimmt, wo es langgeht. Meine Frau ist zum Beispiel für die Kinder und für den Hund zuständig."

„Und du?"

„Ich?" sagt Fritz. „Na, für die Blumen."

Josef Schüble hat genug vom Geplapper der Welt. Er geht ins Kloster, um den Sinn des Lebens zu finden, und wird im strengen Orden der Schweigianer aufgenommen. Die Ordensbrüder sind zum Schweigen verpflichtet. Nur einmal im Jahr dürfen Sie mit dem Abt sprechen, aber auch immer nur zwei Worte.

Ein Jahr ist Bruder Josef nun schon bei den Schweigianern. Und nun tritt er dem Abt gegenüber.

„Was willst du mir sagen?" fragt ihn der Abt. „Aber vergiß nicht: du darfst nur zwei Worte sagen."

Bruder Josef denkt nach und sagt: „Mehr Brot!"

Nach einem weiteren Jahr tritt Bruder Josef aber-
mals vor den Abt.
„Was willst du sagen, Bruder Josef?"
Bruder Josef sagt: „Mehr einheizen!"
Wieder vergeht ein Jahr, und wieder sagt der
Abt: „Bruder Josef, was sind deine zwei Worte?"
„Ich kündige!"
„Ich muß gestehen", sagt der Abt, „daß ich er-
leichtert bin. Jetzt bist du drei Jahre hier, Bruder
Josef, und alles, was ich von dir gehört habe, wa-
ren Beschwerden."

Die drei Schotten McKnauser, McSparrum und
McGeizy wetten um ein Pfund, wer am längsten
tauchen kann. Wer gewinnt?
Keiner. Alle drei sind ertrunken.

Der Papst stirbt und kommt in den Himmel. Ein
Unterengel weist ihm eine bescheidene Kammer
zu.
Tags darauf kommt ein Lehrer in den Himmel.
Alle Engel treten zur Begrüßung an, und Petrus
persönlich geleitet den Lehrer in seine prachtvol-
len, weitläufigen Räumlichkeiten.
Der Papst sieht das alles und ist sauer. „Hören
Sie bitte, Sankt Petrus", sagt der Papst, „ich will
mich ja nicht in himmlische Angelegenheiten ein-
mischen. Aber komisch ist das schon. Mich, der
ich immerhin der Vertreter Gottes auf Erden war,

steckt man in dieses fensterlose Loch. Und dieser
Lehrer residiert in einem Palast!"
„Eure Heiligkeit", sagt Sankt Peter, „ich verste-
he Ihr Problem. Aber Sie müssen das so sehen.
Päpste haben wir haufenweise hier heroben. Aber
Lehrer ist bis heute noch keiner in den Himmel
gekommen."

Der reiche Geizhals liegt im Sterben.
„Verdammt noch mal", wimmert er, „ich will
aber all mein Gold mit mir nehmen in die andere
Welt!"
„Das geht nicht", sagt der Pfarrer.
„Aber warum nicht!" ruft der Geizhals voller
Trotz.
„Es würde keinen Sinn machen", sagt der Pfar-
rer. „Das Gold würde doch bloß schmelzen."

Herr Blödel gräbt ein tiefes Loch im Garten.
Der Nachbar guckt über den Zaun und fragt:
„Was machen Sie denn da?"
„Unser Bello ist gestorben", seufzt Herr Blödel,
„und jetzt schaufle ich ihm ein Grab aus."
„Oh, das tut mir leid!" sagt der Nachbar. „Aber
die beiden anderen Löcher – wozu sind die?"
„Die habe ich vorher auch für den Bello gegra-
ben", sagt Herr Blödel. „Aber sie waren einfach
nicht tief genug."

Moritz ist wieder mal aus der Nervenheilanstalt entlaufen. Aber man hat ihn bald wieder erwischt und zurückgebracht.

„Wo habt ihr ihn denn gefunden", fragt der Arzt den Wärter.

„In einer Drehtür. Da hat Moritz drei Tage lang gesteckt."

„Warum denn das?"

„Er sagt, er hat die Klinke nicht finden können."

Dann war da noch die traurige Geschichte von den zwölf dummen U-Boot-Matrosen. Mitten im Meer starb der Motor ab. Er wollte einfach nicht mehr anspringen. Die Matrosen ertranken beim Versuch, das U-Boot anzuschieben.

Auf einer Parkbank sitzen drei Männer. Der in der Mitte liest Zeitung, doch die beiden anderen angeln. Zwar haben sie keine Angelrute und keine Leine, und Wasser gibt es auch keines in der Nähe. Doch unverdrossen werfen sie die Leine aus und kurbeln und zerren an der Rute. Kommt ein Polizist vorbei und sagt zum Mann in der Mitte:

„Sagen Sie, kennen Sie diese beiden Burschen neben Ihnen?"

„Na klar", sagt der Mann in der Mitte. „Das sind meine Freunde. Die angeln."

„Na klar, die angeln", sagt der Polizist ärgerlich.

„Wissen Sie was: Hier ist Angeln verboten. Ich gebe Ihnen zehn Sekunden, dann sind Sie alle drei von hier verschwunden!"
„Ist ja gut", sagt der Mann, läßt die Zeitung sinken und fängt mit aller Kraft an zu rudern.

Kunde: „Ach, geben Sie mir doch bitte ein Viertelpfund von der Nüssemischung!"
Verkäufer: „Gerne. Welche Sorten von Nüssen?"
Kunde: „Alle, die Sie haben. Bloß keine Kokosnüsse."

Im Hutladen. Vor dem Spiegel steht ein Kunde und probiert einen Hut an. Der Hut rutscht ihm über Ohren und Augen.
„Viel zu groß", sagt der Kunde.
„Wie wollen Sie denn das wissen?" sagt der Verkäufer. „Sie können ja gar nichts sehen!"

Die beiden Jungen haben einen ganzen Sack voller leerer Pfandflaschen im Park gesammelt. Jetzt wird es langsam Abend, und sie wollen die Flaschen aufteilen, ohne daß sie jemand stört. Deshalb gehen sie auf den Friedhof. Beim Eingang fallen zwei Flaschen aus dem Sack. „Laß mal", sagt der eine Junge, „die holen wir später."
Dann setzen sie sich auf eine Bank. „Eine Flasche für mich, eine für dich, eine für mich ..."
Da kommt eine ältere Dame vorbei. Sie ist schon

halb blind, und außerdem ist es dunkel geworden. Aber sie hört noch gut. „Eine für mich, eine
für dich ...", sagen die Stimmen. Die ältere Dame
erschrickt. Dann läuft sie so schnell wie möglich
zur Polizei.

„Auf dem Friedhof sind zwei Gespenster, rasseln
mit den Knochen und teilen sich die Leichen
auf!" ruft sie voller Angst. „Ich habe es genau gehört. Kommen Sie schnell!"
Der Polizist versucht, die Dame zu beruhigen.
Aber es hilft nichts. Er muß mitkommen.
Beim Tor bleiben sie stehen. Und aus der Dunkel-
heit des Friedhofs dringen unheimliche Stimmen:
„Eine für mich und eine für dich. Fertig. Und die
beiden Flaschen beim Eingang dürfen wir auch
nicht vergessen!"

Herr Popp liest in der Zeitung. „Hör mal, was
da steht", sagt er zu seiner Frau. „Jedes sechste
Kind, das zur Welt kommt, ist ein Chinese!"
„Um Himmels willen!" ruft Frau Popp. „Das
muß ich sofort der Frau Mehlmann sagen. Die haben schon fünf Kinder!"

In eine kleine Stadt in Oberbayern kommt eines
schönen Sommertages der Revisor. Er will die Fi-
liale der Bank überprüfen. Er geht hinein, aber
niemand ist zu sehen. Da geht er zum rückwärti-
gen Fenster und erblickt den Filialleiter, den Kas-

sierer und den Buchhalter. Sie sitzen unter zwei
schattigen Bäumen und spielen Karten!
Da drückt der Revisor auf den Überfallknopf, um
die pflichtvergessenen Angestellten aus ihrer
Ruhe aufzuschrecken. Die Klingel schrillt weit
über den Marktplatz.
Eine Minute später kommt der Kellner aus dem
Biergarten gegenüber und bringt drei Maß Bier.

In der „Lindenstraße" soll es Nachwuchs geben.
Der Regisseur hat es eilig: „Also – ich brauche
morgen zwei Babys, drei Wochen alt. Aber bitte
mit Filmerfahrung!"

Frau Hutzelmann hat sich beim Trödler einen Fächer für fünf Mark gekauft. Zwei Stunden später
ist sie wieder da und hält dem Händler den zer-
brochenen Fächer erbost unter die Nase.
„Was haben Sie damit gemacht?" erkundigt sich
der Mann.
„Na, was wohl: Ich habe ihn vor meinem Gesicht
hin und her geschwenkt!"
„Tja, gute Frau", sagt der Trödler, „das können
Sie mit einem Fächer für zehn Mark machen. Bei
einem für fünf Mark hält man den Fächer fest
und schwenkt das Gesicht hin und her!"

„Das ist ein realistisches Stück!" sagt die Schauspielerin zum Regisseur. „Und ich will auf der Bühne daher keinen Apfelsaft, sondern Sekt!" „Einverstanden", sagt der Regisseur. „Und das Gift im letzten Akt – soll das auch echt sein?"

Im Hallenbad der Nervenheilanstalt planschen zwei Patienten herum. Plötzlich guckt der eine auf die Uhr und sagt: „Verdammt, schon fünf Uhr. Trink aus, wir müssen gehen."

Zwei Bauern sitzen im Wirtshaus.
„Pfui", ruft der eine, „da stinkt's!"
„Das ist der Poldinger Sepp!" ruft der andere.
„Aber der Poldinger Sepp ist ja noch gar nicht da!" meint der eine.
„Wird schon noch kommen!" sagt der andere.

Nächtliche Begegnung im Wald.
„Na, wie geht's denn so?" fragt der erste Vampir.
„Tja, man beißt sich so durch ...", meint der andere.

„Wir haben einen blinden Passagier an Bord", funkt der Kapitän an seinen Heimathafen. „Was sollen wir tun?"
Funkt die Reederei zurück: „Versuchen Sie ihn zu trösten – was gibt's da draußen auf dem Ozean schon groß zu sehen!"

Nächtliches Geflüster im Stadtpark: „Ich hab'
eine gute und eine schlechte Nachricht für dich,
Liebling", meint er zärtlich. „Die gute: Ich habe
um Schlag zwölf eine Überraschung für dich ..."
„Und was ist die schlechte?"
„Ich bin der Sohn von Dracula!"

Stöhnend setzt Meier den schweren Holzträger
ab. „Wundert mich nicht, daß keine Skelette auf
dem Bau arbeiten – bei der Knochenarbeit!"

„Nun, die Wohnung gefällt mir eigentlich recht
gut", sagt Herr Seiler zum Vermieter. „Nur diese
Pulverfabrik gegenüber – die ist wohl nicht das
Wahre!"
„Ach, stören Sie sich doch nicht dran, die fliegt
ohnehin eines Tages in die Luft!"

Zwei begeisterte Jogger sitzen bei einem Glas
Milch und philosophieren:
„Also, wenn ich mal tot bin", überlegt der eine,
„dann soll man mich einäschern."
„Tatsächlich – wieso denn das?"
„Ich möchte dann in einer Sanduhr weiterlau-
fen ..."

Auch in der Vampirschule hat man es nicht
leicht.
Kommt also frühmorgens, knapp vor Sonnenauf-

gang, der kleine Vampir Wladus heulend in die Schloßgruft heimgeflattert.

„Was ist denn los, mein Kleiner?" fragt Mama Vampir.

„Dieser blöde Lehrer", schimpft Wladus. „Fünfzigmal pro Nacht soll ich schreiben: ‚Ein Vampir darf nicht kratzen.'!"

„Da hat dein Lehrer aber recht", schimpft Mutter Vampir, „oft genug hab' ich dir schon gesagt, daß du nicht kratzen sollst. Du sollst *beißen*!"

Das Skelett wird überfallen.

„Geld oder Leben!" brüllt der Räuber und fuchtelt mit seiner Pistole herum.

Doch das Skelett bleibt ganz gelassen: „Bedienen Sie sich ruhig", sagt das Skelett. „Nehmen Sie, was immer Sie finden."

Treffen sich zwei Skelette mitten im Winter.

„Saukalt ist es heute", sagt das eine.

„Ganz deiner Meinung", sagt das andere Skelett. „Man friert bis auf die Knochen."

Weswegen schlafen Skelette nie ohne Sarg? Weil sie Angst vor grabenden Hunden haben.

Draußen regnet es in Strömen. Das Skelett geht ins Kaufhaus und verlangt einen Schirm. Die Verkäuferin ist ziemlich verwirrt.

„Was schauen Sie denn so dumm", meint das Skelett ärgerlich, „glauben Sie vielleicht, ich will bis auf die Haut naß werden?"

Das Skelett will sich ein Sommerhemd kaufen.
„Da hätten wir wunderschöne Seidenhemden im Angebot", rät ihm die Verkäuferin.
„Ach nein", sagt das Skelett, „da schwitzt man immer so."

Der alte Hinterhuber wird zu Grabe getragen.
„Na, sehr oft hab' ich ihn in meiner Kirche ja nicht begrüßen können ...", meint der Pfarrer bedauernd.
„Hast recht, Herr Pfarrer", antwortet der Bürgermeister, „und wenn mir'n heut net einitragen hätten, wär er wieder net kemma!"

Der Mann mit dem Hackebeil will Auto fahren lernen.
Zuerst schlägt er alle Räder kaputt, dann das Fahrrad des Fahrlehrers, zuletzt drischt er auf die Straße ein.
„Ja sind Sie noch gescheit?!" schreit der entsetzte Fahrlehrer auf.
„Aber wohl!" ruft der Mann mit dem Hackebeil. „Ich beseitige zuerst einmal die Unfallursachen!"

Der Mann mit dem Hackebeil kommt an Frau Meiers neuem Lattenzaun vorbei. Er stutzt, geht dann wieder zum Gartentürchen zurück und schlägt eine Latte um. Dann die nächste, dann die nächste und so weiter.

Nach der dreizehnten Latte kommt Frau Meier gerannt. „Haben Sie denn noch alle Tassen im Schrank, Mann?"

„Nee!" ruft der Mann mit dem Hackebeil. „Die hab' ich schon heut vormittag kaputtgehauen ..."

Herr Huber hat seinen Lattenzaun eben frisch gestrichen. Da kommt der Mann mit dem Hackebeil, holt aus und zählt: „Eins und eins und noch mal eins ..."

„Was zählen Sie da so blöd, Mann?" brüllt Herr Huber. „Der Zaun hat mich zweitausend Mark gekostet!"

„Und ob ich rechnen kann!" entgegnet der Mann mit dem Beil. „Das ist doch ganz einfach: ein Schritt, ein Hieb – und eine Latte ist weg."

Kommt der Mann mit dem Hackebeil in den Computerladen und fischt sich eine Diskette aus dem Regal. Dann hebt er sein Beil und schlägt sie mittendurch. Mit der einen Hälfte marschiert er zu dem zitternden Verkäufer.

„Ich brauch' nur 'ne Disk – die ‚ette' können Sie behalten ..."

„In meinem nächsten Urlaub werde ich nach Halberstadt fahren!" grinst der Mann mit dem Hackebeil vier Wochen später. Der Chef hört das und macht ein sehr nachdenkliches Gesicht.
„Ich glaube", sagt er, „wir sollten die Leute dort warnen. Sonst heißt Halberstadt hinterher bloß noch ‚Achteldorf'."

Der Mann mit dem Hackebeil ißt jeden Sonntag im Restaurant. Doch den Wirt ärgert es ungeheuer, daß der Mann stets den leeren Teller zusammenschlägt. Beim nächsten Mal legt ihm der Wirt heimlich einen Feuerwerksknaller unter den Teller. Der Mann ißt brav auf. Dann läßt er wie gewöhnlich sein Beil auf den Teller sausen.
PENGKRACHBUMM!
Da grinst der Mann mit dem Hackebeil und sagt: „Wußt' ich's doch, daß du sprechen kannst – du kleines Dummerchen!"

Im Anglerladen.
„Was, 20 Mark!"ruft der Angler aus. „Das ist aber wirklich ein stolzer Preis für einen Köder!"
„Der hat's aber auch in sich", gibt der Verkäufer zurück. „Nach dem lecken sich die Forellen alle zehn Finger ab!"

Der Mann mit den wirklich großen Füßen kommt ins Kaufhaus.

„Ich brauche", sagt er, „ein paar leichte Schuhe in Größe 57. Haben Sie welche auf Lager?"

„Hier nicht", sagt der Verkäufer. „Aber versuchen Sie's mal im ersten Stock. Abteilung Paddelboote!"

Fußappell beim Militär.

„Schütze Heinemann", brüllt der Feldwebel los, „ist ja nicht zu fassen, was für dreckige Füße Sie haben. Nehmen Sie sich ein Beispiel an Ihrem Nebenmann. Der hat echt saubere Füße!"

„Jawoll, Herr Hauptfeldwebel", entschuldigt sich Heinemann, „aber der hat auch kleinere Füße. Die meinen passen nicht in den Kochtopf."

Frau Köchel holt ihre Hochzeitsbilder ab. Ungläubig starrt sie auf die Fotos.

„Das darf ja nicht wahr sein!" empört sie sich. „Mein Mann sieht ja aus wie ein aufgestelltes Schwein!"

„Tja, gute Frau", meint der Fotograf, „das hätten Sie sich vor der Hochzeit überlegen sollen!"

„Ich denke gar nicht daran", schimpft der Kunde im Hutladen, „300 Mark für einen Hut zu bezahlen. Ich muß mir mein Geld sauer verdienen!"

„So", sagt der Verkäufer, „was machen Sie denn beruflich?"

„Ich bin Essiggurkenhändler."

Ein Mann stürzt in eine Bäckerei und brüllt den Bäcker an: „Geben Sie mir sofort zwei Brötchen, Sie Idiot!"

„Wer mich einen Idioten nennt", schreit der Bäcker zurück, „der kriegt keine Brötchen von mir."

Am nächsten Tag kommt derselbe Mann wieder und schreit abermals: „Aber heute geben Sie mir zwei Brötchen, Sie Idiot!"

„Passen Sie auf", sagt der Bäcker. „Wenn Sie noch einmal kommen und mich einen Idioten nennen, schlag' ich Ihnen mit dem Hammer auf den Kopf!"

Der Mann verschwindet.

Am nächsten Tag kommt er wieder und fragt freundlich: „Entschuldigen Sie, haben Sie einen Hammer?"

„Nein", sagt der Bäcker. „Sie sind hier in einer Bäckerei."

„Ach!" brüllt der Mann los. „Dann geben Sie mir sofort zwei Brötchen, Sie Idiot!"

Kunde im Kaufhaus: „Ich möchte bitte einen Schirm."

Verkäuferin: „Erster Stock!"

Kunde: „Nein. Erst der Schirm und dann der Stock."

Die Spedition Starke & Co. gibt eine Anzeige auf: ,,Gesucht wird ein kräftiger junger Mann als Möbelpacker."

In der Nacht darauf klingelt es an der Haustür des Chefs. Verschlafen öffnet Herr Starke die Tür. Vor ihm steht ein schmächtiges, schon sehr altes Männchen und sagt:

,,Ich komme wegen Ihrer Anzeige. Sie suchen doch einen kräftigen jungen Mann als Möbelpacker."

,,Richtig", knurrt der Chef ärgerlich und mustert das Männchen. ,,Und was wollen Sie dann?"

,,Ich wollte nur klarmachen", sagt das Männchen, ,,mit mir dürfen Sie nicht rechnen."

Der Schutzmann steht in München an einer Kreuzung und beobachtet den Verkehr. Neben ihm pflanzt sich ein kleiner Junge auf.

,,Na, Bub", sagt der Polizist freundlich, ,,möchtest du auch einmal Polizist werden?"

,,Nein", sagt der Knirps. ,,Aber mein Bruder, der faule Hund."

Bei Schöbels klingelt das Telefon. Herr Schöbel hebt ab.

,,Hier spricht die Autowerkstatt Meisl", meldet sich der Anrufer mit aufgeregter Stimme. ,,Ihr Sohn hat uns eben Ihr Auto zum Reparieren gebracht, und ..."

„Schon gut", seufzt Herr Schöbel gottergeben, „ich bezahle natürlich die Autoreparatur."
„Das wäre die eine Sache", sagt der Anrufer. „Und jetzt die andere: Wer bezahlt die Reparatur der Werkstätte?"

Der irre Anton hat eine Karte für ein Beethoven-Konzert gefunden.
Zehn Minuten nach Beginn hat er noch nicht aufgehört, unter dem Sitz herumzufummeln. Da zischt ihn der Nachbar böse an: „Merken Sie denn nicht, daß das Konzert schon angefangen hat?!"
„Doch", sagt Anton, „aber ich kann die verdammten Sicherheitsgurte nicht finden!"

„Sie haben soeben ein Stoppzeichen überfahren!" schnauzt der Polizist den Autofahrer an.
Der blickt sich erstaunt um und sagt:
„Was für ein Stoppzeichen, ich sehe keines."
Jetzt schaut sich der Polizist um, kratzt sich verlegen am Kopf und sagt: „Also so was. Bin ich doch glatt in der falschen Straße!"

Zwei Irre stehen am Bug des Kreuzfahrt-Schiffes und starren in den morgendlichen Sonnenaufgang.
„Junge, Junge", sagt der eine, „braucht der einen langen Anlauf, bis er endlich abhebt!"

Der berühmte Komponist klopft an die Himmelstür.

„Wer da?" ruft Petrus.

„Bach!"

„Wer?"

„Johann Sebastian Bach!"

„Dann kommt rein, Jungs!"

Im Theater. Die Truppe spielt Schillers „Wallenstein".

„Eins verstehe ich nicht", sagt Herr Brösel nach der Aufführung zur Garderobenfrau, „Warum Wallenstein dauernd telefoniert hat."

„Tja", sagt die Garderobenfrau, „der Souffleur ist leider krank. Er arbeitet derzeit vom Bett aus."

Der Onkel Doktor

Der Patient leidet an schwerer Schlaflosigkeit.
Seine Augen liegen tief in den Höhlen, er ist
blaß, und seine Hände zittern vor Erschöpfung.
Der Arzt verschreibt ihm ein Schlafmittel.
Nach einer Woche ist der Patient wieder beim
Arzt. Seine Augen liegen noch tiefer in den Höh-
len, sein Gesicht ist noch blasser, und seine Hän-
de zittern noch mehr.

,,Hat Ihnen das Mittel nicht geholfen?" erkundigt
sich der Arzt besorgt.

,,Teilweise", sagt der Patient.

,,Was meinen Sie damit?"

,,Ich habe tief und fest geschlafen", erzählt der
Patient. ,,Aber ich habe geträumt, daß ich nicht
schlafen konnte."

,,Mein Mann bildet sich ein, eine Glühbirne zu
sein", klagt Frau Hingerl. ,,Und niemand kann
ihm das ausreden. Was soll ich bloß tun?"

,,Na, vielleicht hilft ein leichter Klaps auf den
Hinterkopf", rät der Arzt.

,,Viel zu gefährlich!" sagt Frau Hingerl. ,,Wenn
er kaputtgeht, sitzen wir im Finstern."

Der Patient kann nachts einfach nicht schlafen.
,,Was ich auch unternehme", beklagt er sich
beim Arzt, ,,alle zwei Stunden wache ich wieder
auf!"

,,Hmm", brummt der Doktor, ,,wissen Sie, ich

halte nichts von Schlafmitteln. Viel besser wäre es, die Ursache Ihrer Schlaflosigkeit zu beseitigen."

„Das geht leider nicht", seufzt der Patient.

„Und warum nicht?"

„Wissen Sie, meine Frau hängt so an unserem Baby!"

„Hören Sie, Herr Doktor", ruft der Patient im Krankenhaus aufgebracht. „Sie sollten mich an der großen Zehe operieren – und jetzt kann ich das ganze Bein nicht mehr bewegen."

Der Arzt versucht, sich zu verteidigen „Das tut mir furchtbar leid, aber ... "

„Ach!" schreit der Patient. „Das tut Ihnen leid. Ich sage Ihnen, das wird Sie Millionen kosten!"

„Aber ich bin doch kein Millionär!" sagt der Arzt.

„Und ich", ruft der Patient, „bin ich vielleicht ein Tausendfüßler?"

„Gestern habe ich mich noch pudelwohl gefühlt", erzählt Frau Mümmelmann. „Und heute geht es mir schon wieder sauschlecht. Ich fühle mich hundeelend und weiß einfach nicht, was ich machen soll!"

„An Ihrer Stelle, Frau Mümmelmann", sagt die Nachbarin, „würde ich mal einen Tierarzt fragen.

In der Nervenheilanstalt unterhalten sich zwei Patienten.

„Der Neue da drüben, der war früher Sortierer in einem Obstladen."

„Aha. Und warum ist er jetzt bei uns?"

„Er hat es zu genau genommen."

„Wie denn das?"

„Er hat die krummen Bananen immer weggeworfen!"

Frau Karlinger muß sich den Blinddarm herausnehmen lassen. „Eine reine Routinesache", beruhigt sie der junge Arzt kurz vor der Operation.

„Sie werden zwei oder drei Stündchen schlafen, und dann sehen wir uns wieder!"

Zufrieden schläft Frau Karlinger ein. Dann erwacht sie, sieht ein Gesicht vor sich – und fährt erschrocken hoch.

„Herr Doktor, wie lange war ich denn bewußtlos? Ihnen ist ja ein weißer Vollbart gewachsen!"

„Tja, Frau Karlinger", sagt der weißbärtige Herr mit milder Stimme. „Die Sache ist die. Ich bin nicht der Doktor. Ich bin Petrus."

„Herr Doktor, Sie müssen mir helfen", ruft der Patient. „Ich habe andauernd das Gefühl, ein Elefant zu sein!"

„Das haben wir gleich", beruhigt ihn der Arzt. „Aber setzen Sie sich bloß nicht auf die Couch."

„Herr Doktor, Herr Doktor, es ist furchtbar!"
klagt der Patient. „Manchmal glaube ich, daß ich
ein Telefon bin!"
„Nehmen Sie diese Pillen", sagt der Doktor.
„Und wenn Sie trotzdem wieder einen Anfall bekommen, rufen Sie mich einfach an."

„Herr Doktor, Herr Doktor, ich habe das Gefühl, daß ich ein Tausendmarkschein bin!"
„Aha", sagt der Doktor, „und wo liegt das Problem?"
„Niemand kann wechseln!"

Mitten in der Nacht klingelt es beim Nervenarzt
Sturm. Drinnen geht Licht an, und nach einer
Weile steckt der Doktor seinen Kopf aus dem
Fenster und schreit wütend: „Es ist zwei Uhr
morgens! Sind Sie denn verrückt?"
„Ja!" kreischt der Mann unten auf der Straße.
„Gut", brüllt der Nervenarzt, „dann mach' ich Ih-
nen auf!"

Rolf ist von Beruf Mechaniker, und jetzt muß er
zum Doktor, weil ihm ein Schraubenschlüssel
auf die Zehe gefallen ist. Interessiert blickt er
sich im Behandlungszimmer um – und entdeckt
ein Skelett in der Ecke.
„Interessant", sagt Rolf. „Sie handeln auch mit
Schrott?"

„Ich will es mal so ausdrücken", sagt der Arzt
zur übergewichtigen Patientin. „Angesichts Ihrer
Körpergröße haben Sie 30 Kilo zu viel."
„Das hätten Sie mir auch netter sagen können!"
schnaubt die Patientin.
„Wie denn?" fragt der Arzt.
„Sie hätten sagen können", ruft die dicke Dame,
„daß ich angesichts meines Gewichts 15 Zentimeter zu klein bin!"

Ein Mann mit einer Frau an der Hand stürmt in
das Sprechzimmer des Psychiaters. „Gestatten",
sagt der Mann, legt seinen Zweispitz ab und
steckt die rechte Hand zwischen die Mantelknöp-
fe, „mein Name ist Napoleon Bonaparte. Ich
habe ein Problem mit meiner Frau Josephine. Sie
hält sich für eine gewisse Frau Müller."

Herr Hirner hat ein Problem. Er bildet sich ein,
Papst Johannes der Dreiundzwanzigste zu sein.
Den ganzen Tag läuft er durch die Wohnung, lächelt milde und segnet Katze, Bügeleisen und
Blumenvase. Der Doktor wird gerufen, und der
zieht sich mit Herrn Hirner zu einem ernsten Gespräch unter vier Augen ins Wohnzimmer zurück. Nach zwei Stunden kommt der Arzt wieder
heraus.
„Herr Doktor", fragt Frau Hirner aufgeregt,
„und? Hatten Sie Erfolg?"

„Teilweise", sagt der Arzt. „Es geht voran. Auf Johannes den Einundzwanzigsten habe ich ihn schon herunten."

„Herr Doktor, sehen Sie nur. Meine Beine, wie geschwollen die sind. Wenn die jetzt noch dicker werden, komme ich in keine Hose mehr rein." Der Doktor kritzelt schweigend etwas auf seinen Block.
„Wird das helfen?" fragt der Patient zweifelnd.
„Gewiß", sagt der Doktor. „Es ist ein Rezept für einen Schlafrock."

Der Ohrenarzt untersucht die ältere Dame sehr gründlich. Dann schüttelt er den Kopf und sagt: „Verstehe ich nicht. Sie scheinen völlig in Ordnung zu sein. Warum sind Sie denn eigentlich zu mir gekommen?"
„Ich habe Hörprobleme", sagt die Dame. „Wissen Sie, vor 20 Jahren hat mein Mann seine Sachen gepackt und ist verschwunden."
„Das tut mir leid", sagt der Arzt. „Aber deshalb geht man doch nicht zum Arzt!"
„Doch" sagt die ältere Dame. „Weil, seitdem habe ich nichts mehr von ihm gehört!"

Der alte Sepplbauer war zeit seines Lebens gesund, aber jetzt plagt ihn furchtbarer Husten. Und zum ersten Mal in seinem Leben geht er zum

Arzt. Der Doktor mißt das Fieber, läßt ihn einen großen Löffel Hustensaft einnehmen und schickt den Sepplbauer wieder nach Hause. „Na, wie geht's?" fragt seine Tochter.

„Viel besser!" sagt der Sepplbauer. „Der Doktor ist ein Teufelskerl. Der Schnaps war ein bisserl komisch, aber das Röhrl unter der Achsel hat sofort geholfen!"

„Frau Bömmel, Ihr Fall ist ganz einfach", sagt der Arzt. „Sie haben starkes Übergewicht. Ich rate Ihnen zu einer strikten Fastenkur. Essen Sie eine Woche lang täglich dreimal einen Apfel."
„Gut", sagt Frau Bömmel erleichtert. „Vor oder nach den Mahlzeiten?"

Beim Doktor läutet das Telefon. „Herr Doktor, Herr Doktor", klagt die Stimme, „ich habe das Gefühl, daß ich ein Auto bin!"
„Beruhigen Sie sich", sagt der Arzt, „und kommen Sie am Nachmittag vorbei. Sie können im Hof parken."

Zeugnistag. Der Sohn von Zahnarzt Bohrmann kommt nach Hause.
„Na, Max", ruft der Vater, „wie schaut's aus?"
„Also", sagt Max, „es wird jetzt vielleicht ein bißchen weh tun ..."

Der neue Assistenzarzt in der Nervenanstalt
macht einen ziemlich verstörten Eindruck.
„Herr Doktor, ist etwas passiert?" fragt die Krankenschwester.
„Ich glaube, ich mache was falsch", seufzt der
Arzt.
„Wie kommen Sie denn darauf?"
„Tja", sagt der Arzt. „Die Patienten in der Abteilung für Geisteskrankheiten haben mich gelobt.
Sie haben gesagt, ich sei ihnen viel lieber als
mein Vorgänger."
„Aber das ist doch wunderbar!" ruft die Krankenschwester.
„Ich weiß nicht", sagt der Arzt. „Dann haben sie
noch gesagt, sie hielten mich für einen von ihnen."

Lieschen Müller hat gerade eine Schönheitsoperation hinter sich gebracht, und jetzt ruft sie
gleich ihre Freundin an. „Das war ganz toll", erklärt sie. „Weißt du, der Doktor schnipselt die
überschüssige Haut weg, und damit bügelt er die
Falten im Gesicht aus und spannt die Haut, und
alles ist wieder glatt."
„Prima", sagt die Freundin. „Und hast du keine
Beschwerden?"
„Eigentlich nicht", sagt Lieschen Müller. „Bloß
wenn ich nicke, dann zieht es ein wenig am Po."

Der Gewerkschaftsboß leidet unter Schlaflosigkeit.

„Bevor wir mit Pillen und so'm Zeug anfangen", sagt der Arzt, „sollten Sie es doch einmal mit einem alten, aber sehr bewährten Hausmittel versuchen. Wenn Sie nicht einschlafen können, stellen Sie sich einfach eine große Schafherde vor und zählen Sie die Schafe, wenn sie über den Zaun springen."
Eine Woche später ist der Gewerkschaftsboß wieder beim Arzt.

„Na", will er wissen, „hat das Schafezählen was genützt?"

„Nein", sagt der Patient, „die Schafe haben für niedrigere Zäune gestreikt."

Der alte Max hat schon viele Jahre in der Irrenanstalt verbracht. Alle halten ihn für geheilt, doch der Arzt will ihn zur Sicherheit noch einmal untersuchen.

„Also Max", sagt der Doktor, „angenommen, jemand schneidet Ihnen die Ohren ab. Was wäre dann?"

„Dann sehe ich nichts mehr", sagt Max, „und alles ist finster."
Enttäuscht schickt ihn der Doktor wieder zurück.
Ein Jahr später die gleiche Frage. Und die gleiche Antwort. Max muß in der Anstalt bleiben.
Nächstes Jahr versucht es der Doktor wieder.

„Max, denken Sie nach. Wenn Ihnen jemand die Ohren abschneiden würde, was wäre dann?"
„Wie oft soll ich Ihnen das noch sagen", sagt Max. „Dann sehe ich nichts mehr, und alles ist finster."
Da verliert der gute Doktor schließlich die Geduld. „Zum Teufel noch mal, warum soll denn bloß alles finster sein?"
„Ist doch klar", sagt Max. „Weil mir ohne Ohren der Hut über die Augen rutscht!"

Nach der Untersuchung fragt der Doktor: „Und wie steht es mit Ihrem Appetit? Immer gut? Oder unregelmäßig?"
„Eher unregelmäßig", sagt der Patient. „Manchmal schmeckt es mir, und manchmal könnte ich überhaupt nichts hinunterbringen."
„Aha", sagt der Doktor. „Und zu welchen Zeiten haben Sie überhaupt keinen Appetit?"
„Gleich nach dem Essen."

An der Tür zum Krankenzimmer klopft es. Ein Mann tritt ein und fragt die Patientin: „Ist es richtig, daß Sie morgen von Doktor Metzler operiert werden?"
„Stimmt", sagt die Patientin.
„Dann darf ich mal", sagt der Mann, zieht ein Maßband aus der Tasche und vermißt die Patientin von Kopf bis Fuß.

„Sind Sie der Assistent von Doktor Metzler?"
fragt die Patientin.
„Eigentlich nicht", sagt der Mann. „Ich bin der
Sargtischler."

Der Arzt horcht Herrn Schüble gründlich ab.
Dann macht er ein bedenkliches Gesicht.
„Sagen Sie", fragt er, „sind Sie eigentlich Ketten-
raucher?
„Aber nein", sagt Herr Schüble. „Ich bin Zigaret-
tenraucher."

„Herr Doktor, Herr Doktor", ruft der Patient,
„es ist schrecklich. Ich habe ständig das Gefühl,
daß es zwei von mir gibt!"
„Beruhigen Sie sich", sagt der Arzt, „und schrei-
en Sie nicht durcheinander!"

Herr Hampel ist der nervöseste Patient, den der
Doktor jemals zu Gesicht bekommen hat. Sein
Blick irrt suchend umher, er wippt mit den
Fußspitzen und klopft mit den Fingern auf die
Tischplatte, er blinzelt ständig und zuckt zusam-
men, sobald die Sprechstundenhilfe anklopft.
„Sie scheinen unter schwerstem Streß zu ste-
hen", sagt der Arzt, „Kann es sein, daß Ihre Be-
schwerden mit Ihrem Beruf zusammenhängen?"
„Das ist es, das ist es!" ruft Herr Hampel, springt
auf und geht unruhig auf und ab.

„Sie tragen vermutlich hohe Verantwortung",
sagt der Arzt.

„Ja, ja!" schreit Herr Hampel. „So ist es tatsächlich. Ich bin Äpfelverpacker. Große Äpfel in die
grüne Kiste, mittlere in die gelbe, kleine Äpfel in
die blaue Kiste!"

„Na, na", sagt der Arzt beruhigend. „Das klingt
ja nicht ganz so schlimm."

„Das sagen Sie", brüllt Herr Hampel und packt
den Arzt am Kragen. „Aber immer diese Entscheidungen, immer diese Entscheidungen!"

„Hören Sie, junge Frau", sagt der Chefarzt zur
Krankenschwester. „Jetzt sage ich es Ihnen zum
letztenmal. Wenn Sie den Totenschein ausfüllen,
dann schreiben Sie in die Spalte ‚Todesursache'
den Namen der Krankheit. Und nicht den Namen
des behandelnden Arztes."

„Herr Doktor, Herr Doktor, ich habe ein komisches Gefühl. Ich fühle mich wie ein Bleistift."

„Ganz ruhig", sagt der Arzt. „Jetzt schreiben Sie
mir erst einmal Ihren Namen auf."

„Na, Herr Blümchen, wie geht's uns heute?"
fragt der Doktor.

„Teils, teils", brummt Herr Blümchen.

„Wie meinen Sie das?"

„Teils kann ich nicht schlafen", erklärt Herr

Blümchen, „und teils kann ich nicht aufs Klo gehen."

Der Doktor denkt nach. Dann schreibt er Herrn Blümchen ein Medikament auf und bittet ihn, in einer Woche wiederzukommen.

In einer Woche ist Herr Blümchen wieder zur Stelle.

„Und wie geht's heute, Herr Blümchen?"

„Teils, teils", sagt Herr Blümchen. „Aber jetzt andersherum."

„Wie – andersherum?"

„Na ja", sagt Herr Blümchen. „Jetzt mach' ich ins Bett und schlaf auf der Toilette ein."

„Ich habe ein furchtbares Leiden", sagt der Patient zum Arzt. „Dauernd erzähle ich mir selbst Witze. Wie krieg' ich das bloß los?"

„Tja", sagt der Arzt, „das ist eine üble Sache. Wissen Sie, im Grunde kann man diese Krankheit nur dadurch heilen, daß man die rechte von der linken Gehirnhälfte trennt. Man muß also operieren. Und Gehirnoperationen sind immer gefährlich und kompliziert."

„Tja", sagt der Patient niedergeschlagen, „wir sollten es trotzdem versuchen."

„Denken Sie noch einmal darüber nach", empfiehlt der Arzt. „Dieser Zwang, sich selber dauernd Witze erzählen zu müssen – ist das denn wirklich so schlimm?"

„In meinem Fall schon", sagt der Patient. „Ich vergesse nämlich dauernd die Pointen."

„Um Himmels willen!" ruft der Arzt. „Ihre Zunge ist ja ganz schwarz!"
„Tja", sagt Paule, „das kommt wohl vom Schnaps!"
„Kommen Sie", sagt der Arzt, „davon kriegt man doch keine schwarze Zunge!"
„Aber die Schnapsflasche ist mir auf die Straße gefallen und zerbrochen!"
„Und davon wird die Zunge schwarz?"
„Klar doch!" ruft Paule. „Wo die Straße doch frisch asphaltiert war!"

Der berühmte Medizinprofessor hält Vorlesung. „Es gibt da eine Theorie", sagt er, „die behauptet, daß schon das Kind im Mutterleib mitbekommt, was rund um die Mutter vorgeht. Angeblich soll das Baby davon beeinflußt werden. Das ist natürlich Blödsinn. Nehmen Sie mich", sagt der Professor. „Als meine Mutter schwanger war, hat sie dauernd Schallplatten gehört, und es hat mir überhaupt nichts ausgemacht ... nichts ausgemacht ... nichts ausgemacht ..."

Fassungslos starrt der Arzt das Röntgenbild an. „Mein lieber Herr Beulchen, Sie haben ja eine Taschenuhr im Magen!"

„Ich weiß", sagt Herr Beulchen. „Die habe ich kurz nach der Konfirmation verschluckt."

„Und Sie hatten keine Probleme damit?"

„Doch", sagt Herr Beulchen. „Immer beim Aufziehen."

Frau Polte wird von einem Auto überfahren und muß verletzt ins Krankenhaus. Nach drei Wochen ist sie endlich wieder halbwegs gesund. Und sofort humpelt sie in den nächsten Spielzeugladen und schlägt wie besessen auf die zahlreichen Spielzeugautos ein. Der Geschäftsführer versucht verzweifelt sie zu bändigen, doch Frau Polte ist durch nichts zu halten.

„Was tun Sie denn da!" schreit er entsetzt.

„Diese verdammten Autos!" kreischt Frau Polte. „Man muß sie totmachen, solange sie noch klein sind!"

Herr Pömpel kommt mit einem geschwollenen Hals zum Arzt. „Kein Problem", sagt der Doktor. „Da gibt es ein altes Hausmittel. Nach einem heißen Bad trinken Sie den Saft von drei Zitronen."

Nach einer Woche steht Pömpel wieder in der Ordination, und sein Hals ist noch immer geschwollen.

„Haben Sie den Zitronensaft auch wirklich eingenommen?" will der Arzt wissen.

„Leider nein", krächzt Herr Pömpel. „Ich habe ja kaum das Badewasser geschafft!"

Frau Mümmelmann ist wirklich sehr, sehr schwer krank. „Herr Doktor", flüstert sie mit letzter Kraft, „ich glaube, ich stehe an der Schwelle des Todes."
„Keine Bange", sagt der Doktor, „Sie kommen schon drüber weg."

Frau Hömple hat sich den Knöchel verstaucht. Der Arzt verbindet sie.
„Was schreiben Sie mir denn da auf den Knöchel?" will Frau Hömple wissen.
„Ach nichts", sagt der Arzt. „Bloß eine Fußnote."

Heiner: „Sag mal, seit wann drehst du dir die Zigaretten selbst?"
Holger: „Seitdem mir mein Arzt gesagt hat, ich sollte mich mehr bewegen."

Der Medizinprofessor führt seine Studenten durch die Klinik. „Sehen Sie diesen Mann", sagt er und wendet sich an einen Studenten. „Er humpelt, weil ein Bein kürzer ist als das andere. Was würden Sie in einem solchen Fall wohl tun?"
„In einem solchen Fall", sagt der Student, „würde ich wohl auch humpeln."

Bodo Falke, der berühmte Sensationsjournalist,
plant eine Reportage über die große Nervenheilanstalt der Stadt. Er sieht sich gründlich um in
der Anlage, als ihn ein alter Mann am Ärmel
zupft. „Folgen Sie mir unauffällig", flüstert der
Mann. „Ich habe Ihnen was zu erzählen!"
Und in einer Ecke des Parks hört Bodo Falke die
unglaubliche Geschichte dieses Mannes, der, obwohl völlig harmlos und geistig gesund, in der
Anstalt eingesperrt ist. „Das Ganze ist eine Ver-
schwörung gegen mich", sagt der Insasse. „Die
Gutachten sind gefälscht, die Berichte über mich
erstunken und erlogen", erzählt der Insasse.
„Man führt mich als einen unberechenbaren Ge-
walttäter, obwohl ich keiner Fliege was zuleide
tun kann. Und sobald ich mich beschwere, sind
schon die Wärter da und fesseln mich. Bitte
schreiben Sie darüber, vielleicht habe ich noch
eine Chance, die letzten Jahre meines Lebens in
Freiheit zu verbringen."
Der Reporter ist erschüttert. Er verspricht, die
Wahrheit über den armen Mann ans Licht zu bringen.
„Ich bin völlig normal!" sagt der Mann. „Schwö-
ren Sie, daß Sie mir helfen!"
Bodo Falke schwört.
Da versetzt ihm der Insasse eine gewaltige Ohrfeige.
„Bloß, damit Sie mich nicht vergessen!"

Die dicke Dame kommt zum Doktor und beschwert sich, daß sie nicht und nicht abnehmen
kann.

„Da kann ich Ihnen eine einfache Übung empfehlen", sagt der Doktor. „Sie müssen nur den Kopf
schütteln."

„Ach", sagt die dicke Dame, „und wann?"

„Jedesmal, wenn Ihnen jemand etwas Süßes an-
bietet!"

Anruf beim Arzt. Die Sprechstundenhilfe hebt
ab.

„Ich brauche dringend einen Termin!" fleht der
Anrufer. „Meine Zehen sind schon ganz taub,
und jetzt kriecht dieses Gefühl auch die Beine
hoch!"

„Mal sehen, was sich machen läßt", sagt die
Sprechstundenhilfe und guckt auf den Termin-
plan. „Der Doktor kann frühestens morgen früh
um halb acht bei Ihnen sein."

„Und wenn dann schon alles zu spät ist?" jammert der Patient.

„Dann rufen Sie eben an und sagen den Termin
ab!"

Der ängstliche Herr Knall soll am Blinddarm
operiert werden. „Die Chancen stehen sehr gut",
sagt der Chirurg. „Was Sie morgen früh hören
werden, ist dies: Die Operation war erfolgreich."

„Und wenn sie nicht erfolgreich war?"

„In diesem Fall", sagt der Arzt, „werden Sie auch nichts mehr hören."

Bei dem Patienten wird ein unheilbarer Hirntumor festgestellt. Seine einzige Chance zu überleben besteht darin, sich umgehend ein anderes Hirn einpflanzen zu lassen.

„Sie haben die Wahl", sagt der Chirurg. „Wir hätten da ein Spenderhirn, das einem Klempner gehört hat. Kostet 1000 Mark. Das andere stammt von einer Blondine. Kostet auch 1000 Mark. Und dann hätten wir noch ein Hirn, das einem Lehrer gehört hat. Aber das kostet 10000 Mark."

„Versteh' ich nicht", sagt der Patient. „Wieso kostet das Lehrerhirn zehnmal mehr? Ist das so viel klüger?"

„Das nicht", sagt der Arzt. „Aber es ist kaum benutzt."

Der Sohn des Medizinmannes kehrt nach Hause in das heimatliche Dorf zurück.

„Na, mein Junge", sagt der Medizinmann, „hat man dir in Deutschland etwas Vernünftiges beigebracht?"

„Ja, Vater. Ich weiß jetzt, wie es die Weißen anstellen, wenn sie an einem heißen Tag Regen herbeizaubern wollen."

„Toll!" ruft der Medizinmann. „Wie geht dieser Zauber?"

„Er funktioniert am besten am Wochenende", erzählt der Sohn des Medizinmannes. „Man muß viele Brote schmieren und Getränke einkaufen. Das kommt dann in einen Korb und zusammen mit einer großen Decke in den Kofferraum eines Autos. Dann muß man sich die Sonnenbrille aufsetzen und mit dem Auto zwei Stunden lang fahren, bis man zu einem Parkplatz in der Nähe von einem See kommt. Dann nimmt man die Decke und den Picknickkorb und läuft zum Strand. Und sobald man gemütlich sitzt, muß man sagen, hoffentlich fängt es nicht zu regnen an. Sobald man das gesagt hat, beginnt es zu regnen."

„Herr Doktor, ich war letztes Jahr bei Ihnen wegen meiner Gicht. Und Sie hatten mir gesagt, ich sollte Feuchtigkeit vermeiden."

„Ich erinnere mich", sagt der Arzt. „Und – hat es was geholfen?"

„Ganz prima!" sagt der Patient. „Aber jetzt wollte ich Sie fragen, wann ich wieder mal ein Bad nehmen darf."

Herr Huber wird vom Arzt auf strenge Diät gesetzt. Vor allem darf er keinen Alkohol mehr trinken. Kein Bier, keinen Wein, keinen Schnaps. Statt dessen empfiehlt ihm der Arzt Möhrensaft.

Zu Hause nimmt Herr Huber einen Schluck und setzt das Glas wieder ab. „Jetzt versteh' ich", sagt er, „warum Babys die ganze Zeit weinen."

„Ich fühle mich verpflichtet", sagt der Arzt zum Patienten im Krankenhaus, „Ihnen die bittere Wahrheit zu sagen. Sie haben nicht mehr lange zu leben. Wünschen Sie noch jemanden zu sprechen?"
„Ja", sagt der Patient. „Einen anderen Arzt."

Kläuschen Mollmann hat eine furchtbare Angewohnheit: Er springt alle Fremden an, beißt ihnen ins Knie und klammert sich an den Beinen fest. Die Eltern sind verzweifelt. Alles gute Zureden hilft nichts. Sobald Kläuschen einen Fremden sieht, springt er, beißt er, klammert er. Da entschließen sich die Eltern, zum Psychologen zu gehen. Kaum betreten sie das Sprechzimmer, springt Kläuschen den Psychologen an, beißt ihn ins Knie und klammert sich fest.
Da beugt sich der Psychologe zu Kläuschen hinunter und flüstert ihm was ins Ohr. Kläuschen läßt sofort los und setzt sich still hin.
„Das ist ja wunderbar!" sagen die Eltern strahlend. „Wie haben Sie das bloß geschafft?"
„Ich habe ihn mit der Interaktiven Brachialtherapie geheilt", sagt der Psychologe.
„Und wie geht die?"

„Ich habe ihm gesagt: Wenn du nicht sofort los-
läßt, knalle ich dir eine!"

„Sagen Sie", fragt der Arzt, „hatten Sie jemals
Probleme mit Rheumatismus?"
„Nur ein einziges Mal", sagt der Patient.
„So, und wann war das?"
„In der Schule", sagt der Patient. „Beim Diktat."

„Tja, Frau Huber, eine gute Nachricht. Wir haben Ihren Mann noch gerade rechtzeitig operieren können. Ein paar Tage später, und der
Eingriff wäre nicht mehr erforderlich gewesen."
„Und er wäre gestorben?" haucht Frau Huber entsetzt.
„Das nicht gerade", sagt der Arzt. „Aber er hätte
sich von selbst erholt."

Am Büfett einer Gemäldeausstellung unterhalten sich der Arzt und die feine Dame.
„Schon wieder Hummersalat", sagt die Dame,
„der soll doch so schwer verdaulich sein ... Mögen Sie ihn eigentlich gern?"
„Ich mag ihn nicht nur gern", sagt der Arzt, „ich
bin ihm richtiggehend zu Dank verpflichtet ..."

Zwei junge Ärzte verbringen ihren Urlaub gemeinsam am Mittelmeer.
„Also die Mädels hier am Strand haben ja weiß

Gott hübsche Beine", stellt der Orthopäde fest,
nachdem er sich ausgiebig umgesehen hat.

„Ist mir noch gar nicht weiter aufgefallen", antwortet sein Kollege. „Mein Spezialgebiet ist der
Oberkörper ..."

„Also, Herr Pfundner", sagt der Arzt, „Sie haben zwar einen recht hohen Blutdruck, aber ich
mache mir deswegen keine wirklichen Sorgen."

„Nun, Herr Doktor", antwortet Herr Pfundner,
„wenn Sie hohen Blutdruck hätten – dann würde
ich mir auch keine wirklichen Sorgen machen ..."

Der Patient liegt auf dem Operationstisch und
wartet auf die Narkose. Kommt ein Arzt vorbei
und sagt: „Sie kenne ich doch. Sind Sie nicht der
Kellner vom Postwirt?"

„Bin ich", sagt der Patient. „Aber jetzt will ich
Ihnen mal was sagen. Seit zwei Stunden liege ich
hier, und keiner kümmert sich um mich!"

„Bedaure", sagt der Arzt, „das ist nicht mein Re-
vier. Kollege kommt sofort."

Herr Pott hat sich den Daumen gebrochen und
kommt mit Schiene und Verband vom Arzt nach
Hause.

„Was hat er gesagt?" fragt Frau Pott aufgeregt.

„Wirst du jemals wieder Geschirr spülen können?"

Der Patient wird operiert. „Herr Doktor, Sie schneiden zu tief", flüstert die Krankenschwester dem Arzt zu.
„Wie kommen Sie drauf?" fragt der Arzt.
„Sie machen den ganzen Operationstisch kaputt!"

„Herr Doktor", ruft der Patient in der Nervenanstalt, „diese Uhr an der Wand – die gehört einfach nicht hierher!"
„Aber warum denn nicht?"
„Weil sie richtig tickt!"

„Herr Doktor, Herr Doktor, Sie müssen mir helfen. Ich spreche immer im Schlaf!"
„Aber das ist doch nicht weiter schlimm."
„Doch. Die halbe Firma lacht schon!"

„Also, Klaus, deine Zähne sind ja in Ordnung", sagt der Zahnarzt. „Nur den Kaugummi solltest du mal erneuern!"

„Herr Doktor, Herr Doktor, bitte helfen Sie mir. Alle Menschen, denen ich begegne, behandeln mich wie einen Hund!"
„Runter von der Couch!"

„Ich würde gern mit dem Herrn Doktor einen Termin ausmachen", sagt der Anrufer zu der Zahnarzt-Assistentin.

„Der Herr Doktor ist leider im Moment nicht da!" bekommt er zur Antwort. „Aber ..."

„Fein", sagt der Anrufer erleichtert, „wann ist er denn wieder da?"

„Zwischen halb drei und halb fünf", sagt die Assistentin.

„Okay", sagt der Anrufer, „dann ruf' ich um fünf wieder an."

Dr. Fröhlich war im Urlaub auf den Bermudainseln und ist hellauf begeistert.

„Also, so toll kann es dort doch gar nicht sein, daß du auf die Bermudas auswandern willst", meint sein Kollege.

„Und ob und ob!" antwortet Dr. Fröhlich. „Ich habe da ein Schild an einer Arztpraxis gesehen, darauf stand: ‚Sprechstunde jeden Dienstag von zwei bis drei'!"

Der Landrat besichtigt die Nervenheilanstalt.

„Und hier ist die Abteilung mit Autoritis-Kranken!" kündigt der Direktor an.

„Was ist Autoritis?" will der Landrat wissen.

„Das sind die verrückten Autofahrer – sehen Sie? – Die liegen alle unter den Betten und reparieren die Kupplung ..."

„Sie Ärmste", sagt die Krankenschwester. „Daß
Sie aber auch nie Besuch von Ihrem Mann bekommen!"

„Kann er nicht", sagt die Patientin, „er liegt nämlich mit Kieferbruch in der Männerabteilung."

„Aber das ist ja ein Familiendrama!" sagt die
Krankenschwester erschüttert.

„Kann man wohl sagen", meint die Patientin.

„Aber angefangen hat er!"

Knallbichler stürmt ins Sprechzimmer des Ner-
venarztes, holt eine Zigarre hervor und zerkrü-
melt sie. Dann stopft er den Tabak dem Arzt in
die Nase.

„Ich sehe schon", sagt der Herr Doktor, „daß Sie
was von mir brauchen!"

„Ganz im Gegenteil", gibt Knallbichler freundlich zurück, „Sie brauchen mich. Darf ich Ihnen
Feuer geben?"

Frau Huber sitzt im Wartezimmer des Arztes
und wartet. Und wartet. Die Zeitschriften hat sie
schon alle gelesen. Da findet sie in der Ärztezei-
tung ein Kreuzworträtsel mit Preisausschreiben.
Sie füllt es aus, schneidet die Seite aus und
schickt sie ein.
Zwei Wochen später kommt Post von der Ärzte-
zeitung: „Wir gratulieren herzlich! Sie haben bei
unserem Preisausschreiben den ersten Preis ge-

wonnen: eine Blinddarmoperation für zwei Personen im Krankenhaus Ihrer Wahl."

„Sie sollten mehr Gymnastik machen", sagt der Arzt zu seinem dicken Patienten.

„Aber das mach' ich doch täglich!" protestiert der Mann. „Gleich nach dem Aufstehen bin ich sehr streng mit mir. Auf und nieder, auf und nieder! Und nach drei Minuten geht es weiter. Da sage ich mir : ,Gut so, alter Junge – jetzt das andere Augenlid!' "

„Herr Doktor, ich schnarche so laut, daß ich dauernd von meinem eigenen Schnarchen aufwache. Was soll ich bloß tun?"

„Tja", sagt der Doktor. „Schlafen Sie doch mal im anderen Zimmer."

Gespannte Stille im Operationssaal. Der Patient liegt in Narkose.

„Schwester, die Instrumente", sagt der Chirurg. Da reißt der Patient die Augen auf und stemmt sich mühsam hoch.

„Was heißt da Instrumente", stöhnt er. „Sie sollen operieren und nicht musizieren!"

So ein Pech!

Heiner hat einen tollen Plan entwickelt, um endlich zu Geld zu kommen. ,,Paß auf", sagt er zu Holger, ,,wir machen mitten in der Wüste eine Limonadenbude auf!"

,,Quatsch!" ruft Holger. ,,Da kommt doch keiner hin!"

,,Na ja", sagt Heiner, ,,aber wenn mal einer kommt, was glaubst du, was der für einen Durst hat!"

Herr Maxmann kommt leicht angesäuselt nach Hause, und sofort fängt er an zu meckern.

,,Schweinerei!" mault er, ,,Andauernd diese blöden Wiederholungen im Fernsehen! Den Film hab' ich schon ein paarmal gesehen. "

,,Kein Wunder", sagt Frau Maxmann. ,,Du schaust auch in den Spiegel."

Der berühmte Gentechniker präsentiert der Geschäftsführung des Lebensmittelkonzerns sein neuestes Produkt.

,,Nach jahrelangen Experimenten ist es uns gelungen", sagt der Wissenschaftler, ,,eine runde Banane zu produzieren!"

Die Manager klatschen.

,,Und was noch besser ist: Man kann auch die Schale essen!"

Die Manager trampeln vor Begeisterung.

,,Diese neue Banane hat nur einen kleinen Nach-

teil", sagt der Gentechniker. „Sie schmeckt wie
ein Apfel."

„Mein neuer Schüler ist bestimmt Mechaniker",
sagt der eine Reitlehrer zum anderen.
„Wie kommst du denn darauf?"
„Na, wenn das Pferd bockt, steigt er ab und
kriecht drunter!"

Der kleine Junge steht am Straßenrand und
weint bitterlich. Kommt eine ältere Dame und
fragt ihn mitfühlend: „Na, kleiner Mann, was ist
denn passiert. Warum heulst du?"
„Weil ich Geburtstag habe", schluchzt der Junge
los. „Und da gibt's eine Geburtstagsparty zu Hause mit allen Freunden, und ich krieg' ein Fahrrad,
und Kuchen gibt's, und dann kommt ein Zauberer, und ich krieg' einen Computer, buh, buh,
buh!" Der Junge kann vor Schluchzen nicht mehr
weitersprechen.
„Aber das hört sich ja alles wunderbar an!" sagt
die Dame. „Warum weinst du da?"
„Weil ich mich verlaufen habe und nicht nach
Hause finde, deswegen!"

Brösel stapft ins Fundbüro.
„Ich habe gestern im Bus einen 500-Mark-
Schein verloren", meldet er. „Ist der vielleicht ab-
gegeben worden?"

Die Beamtin schaut nach. „Nein, leider nur ein 1 000-Mark-Schein."

„Macht doch nichts", sagt Brösel und zückt die Geldbörse. „Ich kann wechseln."

„Herr Ober", ruft der Gast, „die Erbsen sind ja noch ganz hart!"

„Das tut mir leid", sagt der Ober, nimmt den Teller weg und trägt ihn in die Küche. Dann kommt er zurück und sagt: „Der Koch hat Ihre Erbsen probiert und meint, sie seien doch schön weich."

„Jetzt schon", sagt der Gast. „Ich habe ja schon lange genug drauf herumgekaut."

Im Kaufhaus.

„Ich möchte ein Paar Autohandschuhe", sagt der Kunde.

„Welche Nummer?"

„BY-CV 119."

Herr Ballermann will unbedingt auf Hirschjagd gehen. Und weil er fürchterliche Angst hat, von einem anderen Jäger abgeknallt zu werden, zieht er sich einen schwarzweiß gestreiften Pyjama an. Doch es hilft alles nichts. Die Jagd beginnt, ein Blitz, ein Knall – und Ballermann liegt getroffen in seinem Blut.

Der Schütze eilt voller Freude herbei – und bleibt entsetzt stehen.

„Du verdammter Idiot", stöhnt Ballermann.
„Jetzt ziehe ich mir schon den Pyjama an, und du
verwechselt mich trotzdem noch mit einem
Hirsch!"
„Nicht mit einem Hirsch!" ruft der Schütze.
„Mit einem Zebra!"

„Früher waren die Portionen bei Ihnen aber
größer!" beschwert sich der Gast beim Ober.
„Das ist eine optische Täuschung", sagt der
Ober. „Wir haben bloß das Lokal vergrößert."

Bernd steht im Stadtpark vor der großen Linde
und zieht gerade sein Taschenmesser, als der
Parkwärter herbeistürzt.
„Na, hab' ich dich endlich erwischt", schreit er.
„Willst wohl wieder ein Herz in die schöne Rin-
de schnitzen!"
„Ganz im Gegenteil", sagt Bernd betrübt. „Ich
wollte es gerade wieder ausradieren."

Olaf will sich ein neues Auto kaufen. Einen
Kleinwagen. Der Verkäufer empfiehlt einen
Mikro-Mini, doch Olaf zweifelt noch.
„Ist der nicht ein bißchen zu winzig?" fragt er
bei der Probefahrt.
„Ach, daran gewöhnt man sich", sagt der Verkäu-
fer.
„Na schön", sagt Olaf. „Aber jetzt möchte ich,

daß wir mal woanders fahren. Weg von dieser endlosen Mauer auf der rechten Seite."

„Das wird nicht möglich sein", sagt der Verkäufer. „Das ist keine Mauer. Das ist die Gehsteigkante."

In der Kneipe. Franz und Alfons haben schon einige Bierchen hinter die Binde gegossen, da sagt Franz:

„Weißt du, worüber ich froh bin? Daß ich immer genau weiß, wann es Zeit ist zu gehen."

„Aha", sagt Alfons. „Und wie merkst du, wann es Zeit ist?"

„Ganz einfach", meint Franz. „Wenn ich noch gehen kann, dann gehe ich noch nicht. Aber wenn ich nicht mehr gehen kann – dann gehe ich."

Der Friseur rasiert seinen Kunden und sagt schließlich: „Darf ich Ihnen jetzt Ihr rotes Halstuch abnehmen?"

„Ich habe doch gar kein rotes Halstuch!" sagt der Kunde.

„Himmel!" ruft der Friseur und fährt entsetzt zurück. „Dann habe ich Sie aber ziemlich geschnitten!"

„Sie haben mir vorige Woche dieses Radio verkauft", sagt der Kunde. „Und jetzt habe ich ein

Riesenproblem damit. Ich empfange damit näm-
lich sämtliche Sender."
„Und wo liegt das Problem?"
„Ich kriege sie nur alle gleichzeitig herein."

Die Zwillinge Peter und Paul haben ihren Onkel
Alfons besucht.
„Na, wie war's?" fragt die Mutter.
„Ach, der Onkel Alfons ist ein richtiger Blöd-
mann!" rufen die Zwillinge.
„Wieso denn das? Hat er euch nichts geschenkt?"
„Doch", rufen Peter und Paul. „Einen Luftbal-
lon. Aber dann hat er gesagt: Und den Ballon
wollen wir jetzt schön teilen!"

Heiner hat Holger zum Essen eingeladen, und
erstaunlicherweise hat es beiden geschmeckt.
„War ja ganz prima, was du uns da vorgesetzt
hast!" sagt Holger. „Hätte ich dir gar nicht zuge-
traut."
„Nicht wahr?" sagt Heiner strahlend. „Dabei
hab' ich's ganz alleine aufgetaut!"

Das kleine Mädchen drückt die Tür zum Süßwa-
renladen auf, stiefelt zur Theke und fragt den
Verkäufer: „Haben Sie auch eckige Bonbons?"
„Tut mir leid", sagt der Verkäufer schmunzelnd,
„eckige Bonbons führen wir nicht."
Am nächsten Morgen steht das kleine Mädchen

wieder im Laden. Und wieder fragt es nach ecki-gen Bonbons, und wieder schüttelt der Verkäufer den Kopf, und wieder zieht das kleine Mädchen traurig ab. Da entschließt sich der Verkäufer, die gewünschten Bonbons zu bestellen.
Als am nächsten Morgen das kleine Mädchen wieder in den Laden kommt, sagt der Verkäufer: „Ja, jetzt haben wir eckige Bonbons!"
„Toll!" ruft das kleine Mädchen und strahlt. „Darf ich sie rundlutschen?"

„Sag mal, Erwin, du kommst ja zu Fuß. Wo hast du denn dein Auto?"
„Tja", sagt Erwin, „das ist kaputt. Aber ich kann nichts dafür. Schuld war diese Springpappel."
„Eine Springpappel?"
„Du kennst doch diese blöden Bäume", sagt Er-win. „Stehen jahrelang am Straßenrand und rüh-ren sich nicht. Und kaum komme ich vorbei, zack!, springen sie mir in den Weg."

„Diesen Brotlaib möchte ich lieber nicht", sagt die Kundin beim Bäcker. „Der ist ja noch ganz warm. Frisches Brot vertrage ich nicht!"
„Der Laib ist nicht frisch", beruhigt sie der Bäcker. „Da hat bloß die Katze drauf gesessen."

Der Gast ist schon echt ungeduldig.
„Jetzt habe ich bei Ihnen schon zum zehnten Mal
ein Bier bestellt", ruft er wütend.
„Tja, mein Herr", sagt der Ober. „Wer so viel
trinken kann, der wird auch warten können."

„Waren Sie denn schon öfter bei uns?" fragt der
Friseur den einäugigen Kunden.
„Nein", sagt der Kunde. „Das Auge habe ich im
Krieg verloren."

„Herr Ober", ruft der Gast, „sagen Sie, ist das
wirklich Apfelkuchen, was Sie mir da gebracht
haben?"
„Hmm", sagt der Ober und schaut sich den Ku-
chen an. „Nach was schmeckt er denn?"
„Nach Seife", sagt der Gast.
„Dann ist es wirklich Apfelkuchen", sagt der
Ober. „Die anderen Kuchen schmecken nach
Leim."

Frau Leimer kauft Kopfwehtabletten für ihren
Mann. Sie hat die Apotheke eben verlassen, als
sie Schritte und laute Rufe hinter sich hört. „He,
Sie, halt!" schreit der Apotheker und rennt hinter
ihr her. „Bleiben Sie sofort stehen!"
Frau Leimer bleibt stehen.
„Dem Himmel sei Dank", schnauft der Apothe-
ker, „daß ich Sie noch erwischt habe. Stellen Sie

sich vor. Ich habe Ihnen irrtümlich Rattengift mit-
gegeben!"

„Das ist ja furchtbar", stammelt Frau Leimer.

„Nicht wahr", sagt der Apotheker. „Rattengift ist
ja viel billiger. Sie bekommen noch fünf Mark
raus."

Friseur Alwin schnipselt gedankenverloren vor
sich hin, als der Kunde plötzlich wie am Spieß
schreit. Entsetzt fährt Alwin zurück.

„Sie haben mir eine Ecke aus dem Ohr geschnitten!" brüllt der Kunde.

„Oh, das tut mir leid", sagt Alwin. „Darf ich das
Ohr etwas abrunden?"

Frau Löbel liest aus der Zeitung vor. „Stell dir
vor, Hermann", sagt sie, „nach dem gestrigen
Raubüberfall sucht die Polizei nach einem Mann
mit einem Ohr namens Heinrich Müller."

„So was", brummt Herr Löbel. „Und wie heißt
das andere Ohr?"

Weihnachtsfeier in der Schule. Oskar hat sich
mächtig fein herausgeputzt. Marie schaut ihn be-
wundernd an.

„Ich finde", sagt sie, „deine Osterkrawatte steht
dir wirklich gut!"

„Wieso Osterkrawatte?"

„Da ist noch immer Ei drauf!"

Alfons hat Fahrprüfung, und alles geht schief.
Er fährt falsch in eine Einbahnstraße, übersieht
ein Stoppschild, fährt bei Rot über die Ampel,
und schließlich hätte er beinahe noch einen
Fußgänger gerammt. Der Fahrlehrer hat genug;
Alfons ist durchgefallen.

„Wenn Sie jemals den Führerschein machen sollten", sagt der Fahrlehrer, „dann würde ich Ihnen
ein Auto mit einem Glasboden empfehlen. Dann
sehen Sie wenigstens, wen genau Sie überfahren
haben."

„Stell dir vor, mein Nachbar hat seit Jahren ein
Glasauge, und keiner von uns hat es bemerkt!"
„Und wie ist es herausgekommen?"
„Er hat sich gebückt ..."

„Meine Güte", beschwert sich Eva bei ihrer
Freundin, „anständige Klamotten werden auch
immer teurer!"
„Aber dein neuer Pullover ist auch wirklich
hübsch", sagt Inge. „Wenn du schon einkaufst –
warum bezahlst du die Sachen nicht einfach mit
einem fröhlichen Lächeln?"
„Hab' ich ja versucht", sagt Eva. „Aber die wollten lieber Geld!"

„Ist das nicht einfach wunderbar?" ruft ein Mann
entzückt und setzt vorsichtig einen Fuß vor den

anderen. ,,Ich kann gehen! Ich kann gehen!" Immer wieder sagt er sich vor: ,,Fuß aufsetzen, abrollen, Gewicht auf das andere Bein verlagern, aufsetzen ..."

Triumphierend schaut er sich um und ruft wieder: ,,Ich kann gehen!"

Ein Passant spricht ihn an. ,,Waren Sie denn früher gelähmt?"

,,Das nicht", sagt der Mann. ,,Aber heute früh hat man mir das Auto gestohlen."

Eine Gruppe von Fallschirmjägern übt zum erstenmal einen richtigen Absprung aus dem Flugzeug. Allen Soldaten ist etwas unbehaglich zumute, doch Feldwebel Rauhbein ist das gewohnt. Einen Soldaten nach dem anderen packt er und drückt ihn mit sanfter Gewalt aus der Luke ins Freie.

Da gerät er schließlich an einen, der sich noch nicht mal den Fallschirm umschnallen will. ,,Na, Freundchen", lacht Feldwebel Rauhbein, ,,hast wohl Schiß, was!" Er bindet ihm, zack, den Fallschirm auf den Rücken und zurrt energisch die Riemen fest. ,,Und jetzt raus!"

Sosehr sich der Bursche auch wehrt, so laut er auch brüllt und so fest er auch um sich schlägt – gegen Feldwebel Rauhbein hat er keine Chance. Schon fliegt er aus der Luke und schwebt zur Erde.

Da fängt einer der Soldaten im Flugzeug an zu kichern.

„Was gibt es denn da zu lachen?" brüllt Feldwebel Rauhbein:

„Ist ja wirklich komisch", sagt der Soldat. „Ich glaube, das war der Pilot!"

Herr Bolle stürmt wütend in den Friseurladen.
„Gestern haben Sie mir ein angeblich hochwirksames Haarwuchsmittel verschrieben. Und heute, da!" Er streicht sich über seine spiegelblanke Glatze. „Heute sind mir die allerletzten Haare ausgefallen."

„Das ist ganz normal", sagt der Friseur. „Kein Grund zur Sorge. Die machen bloß Platz für die frischen!"

Frau Dümmel steht vor der fahrenden Rolltreppe und liest das Schild: „Auf der Rolltreppe müssen Hunde getragen werden."

Dann wendet sie sich seufzend ab und keucht die Treppe daneben hoch.

„Warum fahren Sie denn nicht?" fragt ein Passant.

„Weil ich keinen Hund habe!" sagt Frau Dümmel.

„Gestern habe ich richtig Glück gehabt", erzählt Frau Meierling ihrer Freundin. „Da bin ich von einem Radfahrer überfahren worden und hingefallen!"

„Das nennst du Glück gehabt?" sagt die Freundin erstaunt.

„Klar", sagt Frau Meierling. „Der Radler ist eigentlich ein Autobuschauffeur. Gestern hat er zum Glück seinen freien Tag gehabt!"

Alfons und Fritz sitzen jetzt schon ein paar Stunden in der Kneipe, und gebechert haben sie auch recht tüchtig.

„Mensch, Fritz", sagt Alfons schon recht mühsam, „ich glaub', ich hör' jetzt auf und geh' nach Hause. Ich seh' schon alles doppelt!"

Da zieht Fritz einen Hundertmarkschein aus der Brieftasche und schiebt ihn zu Alfons rüber.

„Aber vorher zahle ich dir noch die zweihundert Mark zurück, die du mir vorige Woche geliehen hast!"

Mensch, Otto, jetzt bitte ich dich schon zum fünften Mal, daß du mir das geliehene Geld zurückgibst!"

„Na wennschon", meint Otto. „Ich hab' dich mindestens zehnmal bitten müssen, daß du's mir leihst!"

Herr und Frau Rempremerdinger sind zum erstenmal im Theater. Sie sehen „Romeo und Ju-

lia" – und sind zu Tränen gerührt vom tragischen
Tod des Liebespaares. Beim Hinausgehen zupft
Frau Rempremerdinger den Saaldiener am Ärmel.
„Das Dirndl tut mir ja gar so leid", schluchzt sie.
„Sagen Sie, wann ist denn die Beerdigung?"

Frau Nowak liest aus der Zeitung vor.
„Hör mal, was da steht. Die Erde ist katastrophal
überbevölkert. Und es werden immer mehr Men-
schen. Jede Sekunde bringt irgendwo auf der
Erde eine Frau ein Kind auf die Welt. Ist das
nicht unfaßbar?"
„Finde ich auch", sagt Herr Nowak entrüstet.
„Man sollte diese Frau finden und ihr schnell das
Handwerk legen."

Die Drösels gehen zum Essen aus. Frau Drösel
bestellt sich ein Schnitzel, und als sie es schneiden will, rutscht sie mit dem Messer aus. Das
Schnitzel fällt unter den Tisch, und sofort stürzt
ein riesiger Hund herbei.
Aber der Wirt war noch schneller. „Beruhigen
Sie sich, gnädige Frau", sagt er. „Ihrem Schnitzel passiert schon nichts. Da steh' ich schon
drauf!"

McKnauser ist gestorben. Tief erschüttert sitzen
die Söhne rund um das Totenlager.
„Unser Vater war arm im Geiste", sagt Tom

McKnauser. „Deshalb soll er ein Armenbe-
gräbnis bekommen."

Sean McKnauser schüttelt den Kopf. „Kein Ar-
menbegräbnis. Aber ein einfaches. Denn er war
schlicht und einfach im Herzen!"

Hugh McKnauser hebt die Hand. „Nein", sagt er.
„Kein einfaches Begräbnis. Ein großes. Denn unser Vater war ein großer Mann!"

Da erhebt sich der Verstorbene aus dem Sarg und
knurrt wütend: „Bevor ihr das Erbe so verschleu-
dert, geh' ich lieber zu Fuß zum Friedhof."

Kleinlaut klopft die Sekretärin im Chefbüro an.
„Tut mir leid, Herr Direktor, ich habe vergessen,
Sie an einen Termin zu erinnern. Heute vormit-
tag war die Beerdigung von Herrn Wulle von
Wulle und Co."

Wütend springt der Chef auf. „Vergessen! Wie
konnten Sie nur! Schreiben Sie ihm sofort einen
Entschuldigungsbrief!"

In der Einkaufspassage sitzt ein Bettler auf dem
Boden. Vor sich das Schild „Gehbehindert".
Eine ältere Dame bleibt stehen, kramt in der
Handtasche und wirft ein Fünfmarkstück in den
zerbeulten Hut.

„Es ist ja nur ein schwacher Trost für Sie", sagt
sie mitleidig, „aber immerhin ist es doch besser,
wenn man lahm ist und nicht blind!"

„Stimmt", sagt der Bettler. „Früher, als ich noch blind war, habe ich dauernd Hosenknöpfe bekommen."

Die beiden Knirpse spielen am Teich im Stadtpark. Da hat Gustav einen Frosch gefangen.
„Guck mal, Erwin!" ruft Gustav. „Ich habe einen Frosch in der Hand. Wenn du mir einen Eislutscher bringst, leck' ich ihn ab!"
Das will Erwin aber sehen! Er läuft zum Kiosk und bringt einen Eislutscher. Gustav nimmt ihn in die andere Hand und sagt: „Und jetzt guck mal, wie ich den Lutscher ablecke!"

„Meine Eltern sind echt ätzend", sagt Dieter. „Die gehen nie vor zwei Uhr morgens schlafen!"
„Und wieso weißt du das?"
„Wenn ich nach Hause komme, sitzen sie immer noch im Wohnzimmer herum!"

Die Vorstellung ist zu Ende, und das Theaterpublikum strömt auf die Straße.
„Also, ich versteh' dich wirklich nicht", schimpft Herr Blümchen. „Wie konntest du der Garderobenfrau nur 20 Mark Trinkgeld geben!"
„Du Dummerchen", sagt Frau Blümchen, „hast du denn nicht bemerkt, was für einen tollen Mantel sie mir gegeben hat!"

„Die Hubers in der Wohnung über uns sind ja
wirklich eine fröhliche Familie", sagt Frau Brö-
sel zur Nachbarin. „Sieben Leute, und schon am
Morgen hört man sie tanzen, sogar ohne Musik."
„Die sind gar nicht fröhlich", sagt die Nachbarin.
„Die haben nur ein einziges Klo!"

Soldat Müller macht zum erstenmal ein Manö-
ver mit. Sein Auftrag lautet, eine wichtige Mel-
dung in das Hauptquartier am anderen Ufer des
Flusses zu bringen. Also macht er sich auf den
Weg. Als er zur Brücke kommt, liest er ein
Schild: „Brücke gesprengt."
Soldat Müller marschiert dennoch über die
Brücke. Vom anderen Ufer aus brüllt ihn ein Of-
fizier an: „Können Sie denn nicht lesen? –
Brücke gesprengt!"
„Kein Problem!" ruft Soldat Müller. „Ich
schwimme!"

Kindergeburtstag bei Marion. Die Kleinen spielen „Wie die wilden Tiere leben" und toben fröhlich durcheinander. Nur der kleine Steffen steht
still und einsam in einer Ecke und guckt zu.
„Was ist denn los, Steffen", sagt Marions Mutter. „Lassen dich die anderen nicht mitspielen?"
„Doch", sagt Steffen.
„Und welches Tier spielst du?"
„Das Stinktier."

„Stell dir vor, was mir meine Mutter zum Geburtstag geschenkt hat", sagt Rolf traurig. „Eine
wasserdichte Armbanduhr!"
„Das ist doch toll!" ruft Erwin. „Die kannst du
beim Tauchen anlassen!"
„Ja", seufzt Rolf. „Und beim Abwaschen."

Ein nackter Mann betritt das feine Restaurant.
„Tut mir leid", sagt der Oberkellner kühl. „In
diesem Aufzug können wir Sie leider nicht bedienen. Unsere Gäste tragen Krawatten."

„Also ich hasse es, Tee mit diesen Teebeuteln
zu machen", sagt Frau Brösel. „So umständlich!
Dauernd hat man den Tee zwischen den Zähnen,
wenn man den Beutel aufreißt."

„Herr Ober, soll ich hier vielleicht aufs Essen
warten, bis ich verhungert bin?"
„Gewiß nicht", sagt der Ober. „Wir schließen in
einer Stunde."

„Herr Ober, da schwimmt eine Fliege in der
Suppe."
„Warten Sie, ich bringe Ihnen eine Erbse. Dann
können Sie mit ihr Wasserball spielen."

„Herr Ober, was macht die Fliege hier in meiner Buchstabensuppe?"

„Weiß auch nicht", sagt der Ober. „Vielleicht lernt sie lesen."

„Herr Ober, ich mag keinen Senf zum Blumenkohl!"
„Wieso, haben Sie das denn noch nie gegessen?"
„Natürlich nicht!"
„Und wie können Sie dann behaupten, daß Sie Blumenkohl mit Senf nicht mögen?"

„Herr Ober, kommen Sie sofort her!"
„Haben Sie Beschwerden?" fragt der Ober.
„Und ob!" ruft der Gast.
„Dann wenden Sie sich an einen Arzt."

„Herr Ober, da ist eine Fliege in der Erdbeermarmelade."
„Sie irren sich!" sagt der Ober.
„Ich irre mich nicht!"
„Sie irren sich doch!" sagt der Ober. „Das ist Himbeermarmelade."

„Das Kartoffelpüree ist zäh wie Leim!" beschwert sich der Gast. „Bringen Sie mir den Koch!"
Der Koch, ein älterer Herr, kommt an den Tisch. „Ich höre", sagt er würdevoll, „Sie beschweren sich über mein Kartoffelpüree. Dann will ich Ihnen mal was sagen. Ich bin Fachmann. Ich habe

Kartoffelpüree schon gemacht, als Sie noch gar nicht geboren waren."

„Das glaube ich Ihnen gern", sagt der Gast.

„Trotzdem hätte ich lieber frischgemachtes Püree."

Ein neuer Teppichboden, den mach' ich Ihnen für nur 500 Mark!" sagt gelassen der Handwerksmeister.

„Unglaublich!" ruft Herr Bollinger. „Die andere Firma will dafür 5 000 Mark!"

„Nicht mit meinen Leuten", sagt der Meister, guckt zum Fenster raus und brüllt: „Grüne Seite nach oben!"

„Und dann soll die Wohnung ausgemalt werden", sagt Herr Bollinger.

„Kein Problem", meint der Meister. „200 Mark!"

Herr Bollinger kann diese niedrigen Preise gar nicht fassen. „Haben Sie sich da nicht verrechnet?" fragt er.

„Natürlich nicht", sagt der Meister, geht wieder zum Fenster und schreit: „Verflixt noch einmal, die grüne Seite nach oben!"

Herr Bollinger will die Gunst der Stunde nutzen.

„Und können Sie mir auch ein neues Bad machen?"

„Klar", sagt der Meister. „250 Mark!"

„Nicht 2 500?" fragt Herr Bollinger zweifelnd.

„Hören Sie", sagt der Meister. „Mit meinen Leuten – 250 Mark!" Und wieder geht er zum Fenster, und wieder schreit er: „Grüne Seite nach oben!"

„Also, dann sind wir uns ja einig", sagt Herr Bollinger. „Jetzt sagen Sie mir bitte, warum Sie dauernd „Grüne Seite nach oben!" aus dem Fenster rufen."

„Ach", sagt der Meister, „das sind bloß technische Anweisungen für meine Leute. Die legen dort beim Nachbarn gerade einen neuen Rasen."

Frau Bolle schreibt Weihnachtskarten. Plötzlich blickt sie erschrocken auf.

„Was ist denn los?" fragt Herr Bolle.

„Eben lag es mir noch auf der Zunge", sagt Frau Bollmann.

„Na, das kommt schon wieder!"

„Glaube ich nicht", sagt Frau Bolle. „Ich habe die Briefmarke verschluckt."

Zwei Freundinnen treffen sich. „Na, Ilse, wie geht es so?"

Da fängt Ilse an zu weinen. „Hast du denn nichts von meinem Unglück gehört?" schluchzt sie.

„Nein", sagt die Freundin, „erzähl doch!"

„Also stell dir vor", sagt Ilse, „eines Abends winselt der Hund und will noch einmal raus. Mein Mann sagt, er will noch einmal mit dem Hund spazierengehen. Er geht raus, und die Zeit ver-

geht, es wird Nacht, und er kommt nicht zurück.
Kommt nicht und kommt nicht. Ich gehe am
nächsten Tag zur Polizei, doch die können mir
auch nicht helfen. Das war vor drei Wochen. Seither – keine Spur von meinem Mann, keine Spur
vom Hund!"
„O Gott", schluchzt nun auch die Freundin. „Der
schöne Hund!"

Der Oberbauer verkauft seine Kuh an den Unter-
bauern um 500 Mark. Dann beginnt er zu zwei-
feln, ob das wohl so schlau war. „Wenn der
Unterbauer 500 Mark dafür bezahlt", grübelt er,
„dann ist die Kuh sicher viel mehr wert. Weil,
der Unterbauer ist ja nicht blöd!"
Am nächsten Tag kauft der Oberbauer die Kuh
um 600 Mark zurück. Jetzt wird der Unterbauer
nachdenklich. „Teufel noch einmal, der Oberbauer ist ganz ein Schlauer. Die Kuh ist sicher viel
mehr wert!"
Und am nächsten Tag kauft er die Kuh wieder zurück. Um 700 Mark. Und das Spiel geht weiter,
bis der Preis auf 1 500 Mark steht. Da fängt auch
der Huberbauer an zu grübeln. „Wenn sich der
Unterbauer und der Oberbauer so um diese Kuh
reißen", denkt er, „dann muß sie noch viel mehr
wert sein!" Und zu guter Letzt kauft er die Kuh
um 2 000 Mark.
„Eigentlich waren wir ganz schön blöd", sagt da

der Unterbauer zum Oberbauern. ,,Behalten sollen hätten wir die Kuh, und uns gegenseitig verkaufen. Da hätten wir jeden Tag 100 Mark verdient!"

Die ältere Dame ruft bei der Telekom an. ,,Ich habe gestern ein neues Telefon bekommen", erklärt sie, ,,und, wissen Sie, die Schnur ist einfach zu lang. Könnten Sie an Ihrem Ende ein Stück anziehen?"

Im Buchladen. Der Kunde bestellt ein Witzebuch. ,,Morgen können Sie es abholen", sagt der Buchhändler. ,,Für wen darf ich es zurücklegen?"
,,Mein Name ist Mozart."
,,Vorname?"
,,Wolfgang Amadeus."
,,Dieser Name ist mir wohlbekannt", meint der Buchhändler.
,,Tatsächlich?" sagt der Kunde. ,,Dabei wohne ich erst seit drei Wochen in dieser Stadt."

Freddy bringt eine neue Freundin mit auf die Party. Markus versteht sich blendend mit ihr. ,,Sag mal", meint Markus, ,,Freddy ist doch früher mal mit so einer doofen Blondine herumgezogen. Was ist jetzt eigentlich mit der?"
,,Tja", sagt Freddys neue Freundin, ,,ich habe mir die Haare gefärbt."

Zwei ältere Herren sitzen auf einer Parkbank
und unterhalten sich. Plötzlich fängt der eine an,
fürchterlich zu husten. Der andere klopft ihm auf
die Schulter – mit dem Erfolg, daß dem Huster
das Gebiß aus dem Mund fliegt. In diesem Augenblick kommt ein Hund daher, packt das Gebiß und rast davon.

,,Schie Idiot!" ruft der Huster. ,,Jetsch isch mein
Gebisch weg!"

,,Das tut mir leid", sagt der Klopfer. ,,Aber wissen Sie was. Mein Sohn hat zu Hause eine Menge Gebisse herumliegen. Morgen bringe ich
Ihnen eines mit!"

Am nächsten Tag treffen sich die beiden Herren
wieder im Park. Und tatsächlich – das Gebiß sitzt
wie angegossen.

,,Toll", sagt der Herr mit dem Husten. ,,Ihr Sohn
ist sicher Zahnarzt oder so etwas?"

,,Nein", sagt der andere Herr. ,,Er leitet ein Be-
stattungsunternehmen."

Oma traut den Banken nicht besonders. Beim
Mittagessen am Sonntag erzählt sie, daß sie ihr
Geld zu Hause in der Kaffeekanne aufhebt.

,,Aber Oma", weiß die kleine Doris, ,,da gehen
dir doch die Zinsen verloren!"

,,Aber überhaupt nicht", sagt Oma unerschütter-
lich, ,,dafür lege ich doch extra immer was
dazu!"

Eine halbe Stunde lang muß sich der Angestellte in der Beschwerdeabteilung die lautstarken Klagen der Kundin anhören. Als die Dame einmal Luft holen muß, unterbricht er sie und meint: ,,Vielleicht interessiert es Sie, daß sich vierzehn Verkäuferinnen über Sie beschwert haben ...“

,,Hallo, Sie!“ ruft der Tourist einem Bauern zu, der unter einem Baum sitzt. ,,Ihr Hof steht in Flammen!“
,,Weiß ich schon“, antwortet der Mann, ohne sich zu rühren.
,,Und warum tun Sie dann nichts dagegen?“
,,Tu’ ich ja schon“, meint der Bauer. ,,Und jetzt stören Sie mich nicht. Ich bete um Regen!“

Janine hört sich angeödet an, wie toll Monikas Freund ist, wie gut er tanzen und wie lieb er sein kann. ,,Und meine Eltern mögen ihn auch“, beschließt Monika ihre Schwärmerei.
Darauf knurrt Janine: ,,Das soll also die wahre Liebe sein ... Wenn deine Eltern mit ihm einverstanden sind?!“

Lord Morton sitzt in der Bibliothek – kein Wunder: Draußen regnet es seit vierzehn Tagen in Strömen, und die Themse tritt schon über ihre Ufer.
Da kommt sein Butler hereingestürmt: ,,Mylord,

Mylord, da draußen vor der Tür ...", stammelt er
aufgeregt.

„Reißen Sie sich gefälligst zusammen, James",
fährt ihn da der Lord an. „Wen wollten Sie melden?"

„Verzeihung, Mylord", faßt sich der Butler. „Ich
melde die Themse!"

Onkel Albert ist in der gesamten Verwandt-
schaft als ziemlich verfressen bekannt. Doch bei
Petras Konfirmationsfeier hat er sich selbst über-
troffen. Als ihm der Kellner in dem feinen Restaurant die Karte reicht, studiert er sie sorgfältig
von oben bis unten und sagt dann nur: „Einverstanden!"

Das Restaurant hat einen wahren Kotzbrocken
von Stammgast, an allem hat er etwas auszuset-
zen: Mal ist ihm das Bier zu warm, dann zu kalt,
dann ist das Fleisch zu zäh oder die Bedienung
zu langsam. Und Trinkgeld ist für ihn ein Fremd-
wort.

„Hören Sie", sagt da der Wirt eines Tages zu seiner Kellnerin, „wenn Sie wollen, setze ich ihn an
einen anderen Tisch oder ekle ihn hinaus."

„Auf gar keinen Fall", sagt die, „die anderen Gäste haben jedesmal so viel Mitleid mit mir, daß
sie doppelt soviel Trinkgeld geben!"

Freitagabend. Ein Taxi kriecht durch den dichten Feierabendverkehr. Doch der Fahrgast hat es recht eilig: „Hören Sie", sagt er zum Fahrer, „haben Sie denn keine Möglichkeit, ein wenig schneller voranzukommen?"

„Klar", sagt der Taxifahrer, „aber ich darf den Wagen nicht allein lassen!"

Kuno führt seine alte Karre zum Gebrauchtwagenhändler.

„Wieviel geben Sie mir denn für diesen Wagen?"

„Kommt drauf an", sagt der Händler, „wieviel Benzin noch im Tank ist."

Der Maurergeselle liegt mit einem Beinbruch im Krankenhaus. Der Chef besucht ihn.

„Mensch, wie konnte das nur passieren!" fragt er.

„Ich bin auf einer Schnecke ausgerutscht", sagt der Maurer.

„Hast du sie denn nicht gesehen?"

„Wie denn", sagt der Maurer, „sie ist von hinten gekommen!"

Mike darf das erste Mal mit zum Angeln. Er ist total aufgeregt, aber das legt sich bald. Denn während Papa ziemliches Glück hat und nach einer Stunde schon drei Forellen an Land gezogen hat, tut sich bei Mike überhaupt nichts.

Schließlich zieht er die Leine ein, hält sie seinem

Vater unter die Nase und sagt: „Mach mir bitte einen anderen Wurm dran!"
„Du hast aber einen ganz ausgezeichneten Wurm", antwortet Papa gönnerhaft.
„Ist doch gar nicht wahr", mault Mike, „der gibt sich überhaupt keine Mühe!"

Treffen sich Holger und Heiner zu Weihnachten in der Kneipe. „Mensch, Holger", sagt Heiner, „heut ist wieder mal ein Tag, da könnt' ich mich glatt totsaufen ..."
„Ach, Heiner", sagt Holger, „dann laß uns halt zusammen sterben ..."

Heiner und Holger sind zum ersten Mal in einem Feinschmeckerrestaurant. Alle Gerichte haben komplizierte französische Namen.
Als sie mit dem Essen fertig sind, fragt Heiner: „Weißt du eigentlich, was du da gegessen hast?"
„Blöde Frage – das war Rostbraten."
„Von wegen, mein Bester", sagt Heiner, „das war Roßbraten. Alles, was du gegessen hast, war vom Pferd!"
Da wird Holger ganz bleich und ächzt: „Was – das Apfelmus auch?"

Ein Mann kommt zum Fundamt und ruft: „Ich habe gestern in der Straßenbahn meine Brieftasche verloren. Hat sie jemand abgegeben?"

,,Schon möglich", sagt der Beamte. ,,Wie ist Ihr Name?"

,,Kasimir Kovacsovics."

,,Können Sie mir das bitte aufschreiben?" bittet der Beamte.

Der Mann druckst herum. ,,Leider nein", flüstert er verlegen. ,,Ich bin nämlich Analphabet."

,,Oh, das tut mir leid", sagt der Beamte. ,,Würden Sie das bitte buchstabieren?"

MacFinder findet auf der Straße tatsächlich eine Münze. Ein Pfund! Sofort hebt er das Geldstück auf und beäugt es argwöhnisch.

,,Glauben Sie, ist das echt?" fragt er einen Passanten.

,,Sieht ganz danach aus", meint der andere und steckt die Münze ein. ,,Die andern zwei Pfund bringen Sie bitte in mein Büro. Hier ist meine Karte."

,,Wieso denn das?!" ruft MacFinder empört.

,,Ich bin Rechtsanwalt", sagt der Passant. ,,Ich verlange für jede Auskunft drei Pfund."

,,Lange nicht gesehen, Holger!"

,,Genau – mit Zinsen macht das jetzt 480 Mark vierzig."

Radumski hat seine Brieftasche mit zweitausend Mark verloren. Er freut sich natürlich ungeheuer,

als ihm ein Zehnjähriger das verlorene Geld wie-
derbringt.

„So was Tolles hätte ich von der heutigen Jugend ja nicht erwartet", lobt er den Jungen.

„Doch wenn ich mich recht erinnere, waren da
nur Scheine drin."

„Stimmt schon", sagt der Junge, „aber wegen
dem Finderlohn hab' ich schon mal wechseln lassen."

Der vierzehnjährige Jobie McDread ist als Aus-
tauschschüler in Deutschland. Nach zwei Wochen hat er die ewigen Schottenwitze seiner
neuen Klassenkameraden satt. Der Klassenlehrer
erlaubt ihm, eine kleine Rede zu halten.

„Liebe neue Freunde", beginnt Jobie, „daß wir
Schotten alle totale Geizhälse seien, das ist wirklich nur ein bösartiges Gerücht. Gerade mein
Opa war das Musterbeispiel eines Verschwen-
ders. Jeden Tag warf er den armen Kindern vor
dem Fenster Pfundstück um Pfundstück zu – bis
er vor Schreck am Herzschlag gestorben ist!"

„Ist ja schrecklich", meint der Lehrer, „wie ist
denn das zugegangen?"

„Nun", sagt Jobie, „das war an dem Tag, an dem
die Schnur gerissen ist, an der die Münzen hin-
gen."

Der Bankbeamte beäugt mißtrauisch den Scheck.

„Ich weiß nicht, ob ich diesen Scheck annehmen kann", meint der Beamte zweifelnd. „Der sieht ja aus, als hätte man ihn aus der Waschmaschine gezogen!"

„Kann schon sein", beruhigt ihn die Kundin, „mein Mann hat auch fürchterlich geweint, als er ihn ausgestellt hat."

Zwei Irre laufen die Straße entlang. Plötzlich bleibt der erste stehen, bückt sich und ruft: „Guck mal, da liegt ein Hundertmarkschein!"

„Laß mal sehen!" ruft der andere, nimmt den Schein, schaut ihn genau an und zerreißt ihn.

„Bist du denn verrückt!" ruft der erste.

„Ganz ruhig!" sagt der zweite. „Das war ein falscher Hundertmarkschein. Der hatte drei Nullen."

Ein Mann kommt in die Konditorei und sagt: „Ich hätte gern so ein Schokoladenauto. Aber eines, bei dem man die Türen aufmachen kann."

„Tut mir leid", sagt der Konditor, „so eines haben wir nicht. Aber wenn Sie morgen wiederkommen, dann mache ich Ihnen eines mit Türen."

Am nächsten Tag kommt der Kunde wieder.

„Ihr Schokoladenauto ist fertig", sagt der Konditor. „War gar nicht einfach!"

Der Kunde strahlt und probiert die Türen aus.

Dann sagt er bekümmert: „Aber der Kofferraum geht nicht auf."

„Schön", sagt der Konditor verärgert. „Kommen Sie morgen wieder."

Am nächsten Tag funktionieren beim frischen Schokoladenauto Türen und Kofferraum. „Aber die Räder drehen sich gar nicht", beschwert sich der Kunde.

„Also gut", seufzt der Konditor, „dann bis morgen."

Der Kunde kommt am nächsten Tag wieder. Er macht Türen und Kofferraum auf und zu und dreht begeistert an den Schokoladenrädern. „Toll!" ruft er.

Der Konditor ist erleichtert. „Soll ich's Ihnen als Geschenk einpacken?" fragt er.

„Aber nein", sagt der Kunde. „Ich esse es gleich hier."

Der reiche Indianer hat 100 000 Dollar im Spielkasino in Las Vegas verspielt. Rasch fährt er in die Berge und schickt Rauchzeichen:

„Bitte sofort weitere 100 000 schicken!"

In diesem Augenblick explodiert mehrere Kilometer hinter ihm ein Tanklager, und ein riesiger Rauchpilz steigt auf.

Eine Viertelstunde später kommt per Rauchzeichen die Antwort: „Geld ist unterwegs. Aber warum brüllst du denn eigentlich so?"

Beim Gemüsehändler. Die dicke Frau Bockelmann rutscht auf einer Bananenschale aus und
fällt mit großem Getöse mitten hinein in den Eier-
ständer. Ali Öztürk eilt herbei und hilft ihr wieder auf die Beine.

„Hoffentlich sind keine Eier kaputtgegangen",
sagt Frau Bockelmann. Ali bleibt höflich.

„Aber nein", versichert er, „sie sind nur ein wenig verbogen."

Unterwegs

Opa Rübsam war schon lange nicht mehr in der
Stadt gewesen, und schon gar nicht in einem feinen Restaurant. Heute will er sich aber wirklich
etwas gönnen. Nach langer Suche findet er ein
Lokal, das ihm fein genug erscheint. Er setzt
sich, bindet sich die Serviette um und wartet.
Endlich kommt jemand und fragt: „Haarschnitt
mit oder ohne Waschen, der Herr?"

Paul ist bis über beide Ohren in Karin verliebt.
„Wie schön wäre es doch", flüstert er ihr ins
Ohr, „jemanden zu haben, der sich immer freut,
wenn er einen sieht. Der immer treu ist. Der einen in guten wie in schlechten Tagen niemals im
Stich läßt. Hast du nicht auch schon daran gedacht?"
„Doch", sagt Karin. „Du solltest dir einen Hund
kaufen."

„Mir ist ganz übel", stöhnt der zerstreute Professor nach der Bahnfahrt. „Die ganze Zeit mußte
ich mit dem Rücken zur Fahrtrichtung sitzen,
und das halte ich kaum aus."
„Verstehe ich nicht", sagt seine Frau. „Warum
hast du denn niemanden gebeten, mit dir den
Platz zu tauschen?"
„Ging nicht", sagt der zerstreute Professor. „Ich
war allein im Abteil."

Zwei ältere Damen klettern die Gangway hoch in das Flugzeug. Der Pilot heißt sie willkommen an Bord. „Hören Sie, junger Mann", sagt eine der Damen, „ich will doch sehr hoffen, daß Ihr Flugzeug nicht schneller als der Schall fliegt!" „Würde Sie denn das stören?" will der Pilot wissen.

„Und ob", ereifert sich die andere Dame. „Meine Freundin und ich wollen uns während des Fluges unterhalten!"

Überfahrt auf der Fähre. Die See ist rauh, und Frau Lehmann ist schwerstens seekrank. Mit grünem Gesicht sitzt sie im Bordrestaurant und nippt an einem Kamillentee. Der Ober nähert sich und fragt: „Darf ich Ihnen das Menü servieren?" „Lieber Gott, nein!" sagt Frau Lehmann. „Aber es ist im Fahrpreis inbegriffen", sagt der Ober. „Sie haben dafür bezahlt!" „Wenn das so ist", sagt Frau Lehmann, „dann nehmen Sie das Essen, und werfen Sie es gleich über Bord. Das erspart uns bestimmt eine Menge Ärger."

Herr und Frau Hämmle sind auf Abenteuerurlaub in den unerforschten Gebieten von Neuguinea. Und da passiert es. Die beiden verlieren ihre Reisegruppe und verirren sich völlig. Schließlich landen sie in einem Dorf. Die Eingeborenen vollführen einen Freudentanz. Frau Hämmle zittert am ganzen Leib.

„Bleib ganz ruhig", sagt Herr Hämmle. „Das sind bestimmt keine Menschenfresser. Ich habe noch keinen Kochtopf gesehen."

„Dummkopf!" schluchzt Frau Hämmle. „Und was ist mit diesem riesigen Mikrowellenherd?"

Mitten im Wald steht dieses kleine Ausflugsgasthaus. Familie Hempel ist begeistert. Endlich Pause nach dieser langen Wanderung!

„Haben Sie hier auch Waldmeister?" fragt Herr Hempel den Wirt.

„Sicher", sagt der Wirt. „Dort drüben steht einer. Aber wir nennen ihn Oberförster."

Im Eisenbahnabteil.

„Entschuldigen Sie", sagt der junge Mann zur älteren Dame gegenüber, „könnten Sie mir das Bein auf die Bank hochheben?"

Mitleidig packt die Dame an und hebt ihm das gestreckte Bein vorsichtig auf die Bank.

Dann kündigt sich der Schaffner an.

„Vielleicht könnten Sie mir auch noch die Fahrkarte aus meinem Jackett nehmen", bittet der junge Mann. „Linke Innentasche. Dort drüben hängt es."

Die ältere Dame tut wie gebeten und reicht die Karte sogar dem Schaffner.

„Danke", sagt der junge Mann. „Jetzt möchte
ich Sie noch bitten, mir den Koffer herunterzuhe-
ben. Da ist die Zeitung drin."
Die ältere Dame wuchtet den Koffer herunter,
gibt dem jungen Mann die Zeitung heraus und
sagt mitleidig:
„Also, Sie sind ja wirklich schlimm dran!"
„Nicht besonders schlimm", sagt der junge
Mann.
„Ach, und was haben Sie dann?"
„Urlaub", sagt der junge Mann.

Herr und Frau Sachse reisen nach New York.
Mitten im Flug über den Atlantik meldet sich die
Stimme des Kapitäns.
„Es tut mir außerordentlich leid, Ihnen mitteilen
zu müssen, daß eines unserer vier Triebwerke
ausgefallen ist. Es besteht keinerlei Grund zur Be-
unruhigung. Wir werden allerdings eine volle
Stunde später als vorgesehen in New York an-
kommen."
Wenig später wieder der Kapitän. Ein zweites
Triebwerk ist kaputt. „Aber keine Sorge", sagt
er, „wir kommen bloß zwei Stunden später an als
geplant."
Nach ein paar Minuten eine weitere Durchsage.
Das dritte Triebwerk ist ausgefallen. „Bitte bleiben Sie ruhig", sagt der Kapitän. „Wir schaffen
das leicht mit einem Triebwerk. Allerdings müs-

sen wir langsamer fliegen, und unsere Ankunft in
New York verzögert sich um drei Stunden."
Da wendet sich Herr Sachse seiner Frau zu und
sagt nachdenklich: „Jetzt mache ich mir aber
langsam wirklich Sorgen. Wenn jetzt auch noch
das vierte Triebwerk ausfallen sollte, kommen
wir wahrscheinlich nie runter!"

Otto war auf Norderney in Urlaub. „War ganz
toll", erzählt er seinen Freunden. „Bloß eine dieser blöden Krabben hat mir eine Zehe abgebissen."
„Welche denn?" wollen die Freunde wissen.
„Weiß ich doch nicht", sagt Otto. „Diese Biester
schauen ja alle gleich aus."

Herr Dumski schleppt eine Autotür mit in das
Flugzeug.
„Was wollen Sie denn damit?" fragt die Stewar-
deß.
„Ich reise in die Wüste Sahara", erklärt Herr
Dumski. „Was glauben Sie, wie toll es ist, wenn
man in dieser Hitze das Fenster runterkurbeln
kann!"

Onkel Albert macht einen Ausflug mit seinem
kleinen Neffen. Da wird ihr Wagen von einer Polizeistreife gestoppt.
„Wissen Sie denn nicht", sagt der Beamte streng,

„daß Kinder erst ab zwölf auf dem Beifahrersitz
sitzen dürfen?"
Onkel Albert macht einen Blick auf seine Uhr.
„Ach, kommen Sie, wegen der paar Minuten",
sagt er. „Es ist ja eh schon fünf vor zwölf!"

Die neue Stewardeß kommt auf Zehenspitzen in
das Cockpit geschlichen.
„Käpt'n", flüstert sie, „in der ersten Klasse sitzt
ein Elefant. Was soll ich bloß tun?"
„Gar nichts", sagt der Pilot. „Das hier ist
schließlich ein Jumbo-Jet."

Der Große Weiße Jäger hat vom menschenfres-
senden Tiger gehört, der ein Dorf in Indien be-
droht. Er bietet seine Hilfe an. Und schon in der
nächsten Nacht sitzt der Große Weiße Jäger im
Dschungel und lauert dem menschenfressenden
Tiger auf. Es ist stockfinster. Die unheimlichen
Geräusche des Dschungels dringen durch die
Nacht. Da – wenige Meter vor dem Großen
Weißen Jäger glimmen zwei bernsteingelbe Lichter auf. „Das ist der Bursche", denkt der Große
Weiße Jäger. „Himmel, stehen seine Augen weit
auseinander. Der muß ja ungeheuer groß sein!"
Und schon feuert er in die Mitte zwischen den
beiden glühenden Lichtern. Peng! Doch die Lich-
ter bleiben. Sie kommen näher. Peng! Wieder hat
der Jäger zwischen die Augen gefeuert. Peng!

Peng! Peng! Doch die Lichter kommen näher und näher. Der Große Weiße Jäger hat keine Kugel mehr. Er macht die Taschenlampe an. Und was sieht er vor sich, zum Sprung geduckt? Zwei einäugige Tiger nebeneinander.

Der Tourist betritt das Dorfwirtshaus. Zwei Einheimische hocken an einem Tisch.

„Entschuldigen Sie", sagt der Tourist, „Sie sehen einander so ähnlich. Sind Sie miteinander verwandt?"

„Weitläufig", sagt der eine. „Wir sind Brüder."

„Verstehe ich nicht", sagt der Fremde. „Wieso weitläufig – wo Sie doch Brüder sind?"

„Na ja", sagt der andere Einheimische. „Der Sepp ist das erste Kind, und ich bin das zwölfte."

Herr und Frau Mehlmann machen eine Antarktis-Kreuzfahrt. Auf den unwirtlichen, eisbedeckten Stränden wimmelt es von dunklen Pünktchen. Frau Mehlmann setzt das Fernglas an – und sieht eine Menge Pinguine herumstehen.

„Meine Güte", fragt sie ihren Mann, „das sind ja Pinguine. Wo kommen die denn her?"

„Ich vermute", sagt Herr Mehlmann, „aus Eiern."

Die Hubers wandern durch die Heide. Sie wandern und wandern durch die einsame Landschaft,

und langsam geht die Sonne unter. Plötzlich en-
det der Weg an einem Fluß. Zum Glück steht da
ein Schäfer.
„Wo ist denn das nächste Dorf?" fragt Frau Hu-
ber.
„Gleich drüben am anderen Ufer", sagt der Schä-
fer.
„Hm", sagt Herr Huber. „Und ist der Fluß tief?"
„Nein, nein", sagt der Schäfer. „Der ist ganz
seicht!"
Also beschließen die Hubers durchzuwaten. Das
Wasser geht ihnen bis zu den Knöcheln, bis zu
den Knien – und dann stehen sie bis zum Hals im
Wasser.
„Komisch", murmelt der Schäfer, „den Enten
geht das Wasser nur bis zur Brust."

Die Baaskes kehren in einem Landgasthof ein
und bestellen Brezen. Herr Baaske greift nach einer Breze und will sie mit seiner Frau teilen.
Doch sie ist zäh wie Leder. Unmöglich, die Breze auseinanderzubrechen.
„Herr Wirt", ruft Herr Baaske, „dieses gummiar-
tige Ding da, das nehmen Sie gefälligst zurück!"
„Unmöglich", sagt der Wirt. „Sie haben sie ja
schon total verbogen!"

Ein Engländer fährt in Deutschland mit der Eisenbahn und will sich ein wenig mit der Nachbarin unterhalten.

,,Entschuldigen Sie", sagt er, ,,sind Sie geheiratet?"

,,Das heißt nicht geheiratet, das heißt verheiratet", sagt die Nachbarin. ,,Nein, ich bin nicht verheiratet."

,,Fine", sagt der Engländer und denkt nach.

,,Und sind Sie verschieden?"

Herr und Frau Dämlich haben einen Abenteuerurlaub gebucht, und jetzt sind sie beide bei den Kannibalen im Kochtopf gelandet. Schon prasselt das Feuer unter dem Topf, und Herr Dämlich schimpft und flennt und heult.

,,Hör doch endlich auf, dich zu beschweren!" ruft Frau Dämlich. ,,Du hast es ja so gewollt und bist selber schuld. Hast du nicht immer gesagt: So ein Abenteuerurlaub, das ist eine ganz heiße Sache!?"

Udo Knatzke ist auf Besuch in München und will endlich mal einen echten Bayern kennenlernen. Er geht ins Hofbräuhaus und setzt sich zu einem Einheimischen. Doch der Münchner will mit dem Preußen nichts zu tun haben.

,,Schön haben Sie's hier", sagt Udo zu seinem Nachbarn.

Der Einheimische rührt sich nicht.
„Sind Sie öfter hier?" fragt Udo.
Der Münchner starrt schweigend vor sich hin.
Da kommt ein Spendensammler vom Roten
Kreuz mit seiner Büchse. Udo wirft fünf Mark
hinein. Der Sammler wendet sich an den Einhei-
mischen. Doch der knurrt: „Geh weida. Mir
zwoa ghörn zsamm."

„Heute geht wirklich alles schief", sagt der Pilot zum Kopiloten. „So ein verflixter Tag. In der
Früh fällt mir die Zahnbürste ins Klo. Beim Früh-
stück fällt mir die Butter in den Tee. Und jetzt
fällt mir auch noch das Triebwerk ins Meer!"

Fahrscheinkontrolle im Bus.
„Hör mal, mein Junge", sagt der Beamte zu Ed-
gar, „du bist wohl schon ziemlich alt für einen
Kinderfahrschein!"
„Ach", sagt Edgar, „und warum sagen Sie dann
du zu mir?"

Herr und Frau Drösel besuchen Weimar und
verirren sich hoffnungslos. Schließlich fragen sie
einen Einheimischen.
„Können Sie uns sagen, wie wir am schnellsten
zu Goethes Wohnhaus kommen?"
„Sicher", sagt der Einheimische. „Aber Sie brauchen sich gar nicht zu beeilen. Er ist schon tot."

Egon braust mit seinem Wagen in falscher Richtung durch die Einbahnstraße. An der Kreuzung
hält ihn ein Polizist auf und sagt:
„Ganz schön gefährlich, was Sie da machen. Haben Sie denn all die Pfeile nicht gesehen?"
„Was denn", sagt Egon erschrocken. „Indianer?"

Egon jagt mit einem neuen BMW auf Teufel
komm raus über die Landstraße. Geschwindig-
keitsbegrenzung 80 – macht nichts. Egon gibt
Gas. Da hört er auch schon das Martinshorn.
Egon fährt kleinlaut rechts ran.
„Bin ich etwa zu schnell gefahren?" fragt er den
Polizisten.
„Keineswegs", sagt der Polizist. „Sie sind zu tief
geflogen."

Familie Bröslinger macht Urlaub am Roten
Meer.
„Mami, darf ich mit der Luftmatratze ein Stück
rausschwimmen?" bettelt der kleine Franz.
„Um Himmels willen, nein!" ruft Frau Bröslin-
ger. „Da draußen gibt es Haie!"
„Aber Papi darf doch auch!" beschwert sich
Franzi.
„Das ist was anderes", sagt Frau Bröslinger.
„Der ist versichert."

Die wirklich sehr sparsame Familie McKnauser geht ins Museum. Plötzlich will der kleine Tom auf die Toilette. Der Vater nimmt ihm die Brille ab, gibt sie seiner Frau und bringt den Sohn auf die Toilette.

Als die beiden wieder zurück sind, fragt Frau McKnauser: „Sag mal, warum hast du ihm die Brille weggenommen?"

„Warum wohl?" ereifert sich Herr McKnauser. „Gibt ja doch nichts Interessantes zu sehen auf dem Klo!"

Familie Baaske fährt mit der Bimmelbahn durch das schöne Oberbayern. Der Zug hält in jedem kleinen Kuhdorf.

„Herr Schaffner", sagt Herr Baaske, „wir müssen in Tüpfling aussteigen und wollen die Station auf keinen Fall versäumen. Können Sie uns sagen, wann es soweit ist?"

„Tüpfling können Sie gar nicht verpassen", sagt der Schaffner. „Bevor wir nach Hintling kommen, sehen Sie rechts einen riesigen Silo. Den übersehen Sie garantiert nicht. Und Tüpfling ist eine Station vorher."

Der Zug ist wieder einmal überfüllt, und Oma Friedlich muß auf dem Gang stehen. Im Sitz lümmelt ein junger Mann. Er sieht Oma Friedlich und flüstert ihr zu: „Pssst, nächste Station steige ich aus. Wenn Sie flink sind, können Sie den Sitz haben!"

„Dieses Jahr brauchen wir nicht ans Meer zu fahren", erzählt Frau Knoll ihrer Nachbarin. „Die unbezahlten Rechnungen überfluten uns, und in der Kasse herrscht Ebbe."

Ein Reisender betritt die Hotelhalle und wendet sich an den Portier: „Ich hätte gern einen schönen, langen Flur für drei Nächte."
„Einen Flur?" fragt der Portier erstaunt.
„Gewiß", sagt der Reisende. „Ich bin nämlich Schlafwandler."

„Ich möchte morgen früh um halb sechs geweckt werden", sagt der Gast zum Hotelportier. „Ich hoffe, das ist Ihnen nicht zu früh!"
„Aber nein", sagt der Portier. „Ich gebe Ihnen einen Wecker mit, dann rufen Sie mich in der Früh an, und dann wecke ich Sie pünktlich auf."

Im Reisebüro. „Ich kann Ihnen einen Urlaub auf dieser kleinen Insel wirklich nur empfehlen. Die absolute Erholung. Kein Fernsehen, und jeden Tag strahlendblauer Himmel."
„Ach", sagt der Kunde. „Und worüber unterhalten sich die Leute?"

„Niemals im Leben wird mich jemand in ein
Flugzeug bringen", erklärt Herr Birnstingl.
„Flugzeuge sind das gefährlichste Transportmit-
tel der Welt!"
„Ich verstehe nicht, wie du das sagen kannst",
meint sein Freund. „Letztes Jahr, als du mit dem
Zug nach Spanien gefahren bist, da wärst du
doch bei diesem Zugunglück beinahe umgekom-
men!"
„Das schon", sagt Herr Birnstingl. „Aber damals
ist auch ein Flugzeug auf den Zug gestürzt."

Im Reisebüro. Herr Topp hat eben eine Reise
nach Afrika gebucht, und jetzt bittet er noch um
eine Landkarte der Wüste Sahara.
„Haben wir leider nicht", sagt der Mann vom
Reisebüro. „Aber ich denke, ein großes Blatt
Sandpapier sollte es auch tun."

Frau Mehlmann ruft am Flughafen an. „Hallo,
hier Frau Mehlmann. Können Sie mir sagen, wie
lange ein Flug von München nach Paris dauert?"
„Einen Augenblick nur ..." sagt die Stimme.
„Danke schön", sagt Frau Mehlmann und legt
auf.

„Dieser Urlaub in Rom hat mich echt nachdenklich gemacht. Seither glaube ich wieder an Himmel und Hölle!"

„Wieso? Hat dich der Papst so beeindruckt?"
„Das nicht. Diese Taxifahrt vom Flughafen zum
Hotel – das war die Hölle. Und was für ein himm-
lisches Gefühl, als wir endlich da waren!"

Ein Mann steigt mit seinem Heißluftballon hoch
auf.
Unglücklicherweise fällt er aus dem Ballon.
Glücklicherweise ist genau unter ihm ein riesiger
Heuhaufen.
Unglücklicherweise steht im Heuhaufen eine
Heugabel.
Glücklicherweise verfehlt er die Heugabel.
Unglücklicherweise verfehlt er auch den Heuhau-
fen.

Der Wanderer kommt in ein kleines Dorf und ist
recht erstaunt darüber, daß es auf dem Kirchturm
zwei Uhren gibt. Und daß die Uhren verschiedene Zeiten anzeigen. Er bittet einen Einheimischen um Auskunft.
„Sie müssen das so sehen", sagt der Einheimische. „Wir haben nun mal zwei Uhren. Und
wenn beide Uhren die gleiche Zeit anzeigen würden, dann wäre ja eine davon überflüssig."

Herr Kornblum war in Indien auf Urlaub.
„Es war wirklich sehr beeindruckend", erzählt
er. „Ich habe einen Maharadscha kennengelernt,

der mich in seinen Palast eingeladen hat. Und ei
nes Tages sind wir sogar in den Dschungel gegangen, um den menschenfressenden Tiger zu
sehen!"
„Und", fragen die Freunde, „hattet ihr Glück?"
„Kann man wohl sagen", meint Herr Kornblum.
„Er war nicht zu Hause."

Die Mehlmanns machen Urlaub auf dem Bauernhof. Sie werden freundlich empfangen, und
der Bauer erklärt ihnen alles. „Eins wollte ich
gleich am Anfang sagen", meint er, „bei uns am
Hof geht man mit den Hühnern schlafen."
„Um Gottes willen!" ruft Herr Mehlmann. „Haben Sie denn keine eigenen Betten?"

In der Straßenbahn sitzt eine ältere Dame mit einer großen Schachtel auf dem Schoß. Der Deckel
hat eine Menge Löcher.
„Entschuldigen Sie", sagt die Nachbarin, „was
haben Sie denn da in der Schachtel?"
„Eine Katze", sagt die ältere Dame.
„Ach, Sie fahren zum Tierarzt?"
„Nein, keineswegs", sagt die Dame. „Die Katze
trage ich immer mit mir. Wissen Sie, ich habe
nämlich neulich davon geträumt, daß mich eine
wilde Horde Mäuse überfällt. Und da brauche ich
eine Beschützerin."
Die Nachbarin schüttelt verständnislos den Kopf.

„Aber die Mäuse", sagt sie, „die waren doch
bloß im Traum. Die sind doch nicht wirklich!"
„Ich weiß", lächelt die ältere Dame, „aber die
Katze ist doch auch nicht wirklich!"

Eine Frau steht nachts im strömenden Regen neben ihrem Auto und winkt. Endlich bleibt ein
Fahrer stehen.
„Ich hatte einen Platten", sagt die Frau. „Und inzwischen habe ich den Reifen auch gewechselt.
Bloß – jetzt klemmt der Wagenheber, und ich
kriege ihn nicht mehr unter dem Auto raus."
„Das haben wir doch gleich", sagt der hilfsberei-
te Fahrer. „Sie lösen die Handbremse, ich schie-
be an, und dann plumpst der Wagen auf die
Reifen runter."
„Bloß nicht!" sagt die Frau. „Mein Mann schläft
auf dem Rücksitz, und der könnte aufwachen!"

Bauer Feddersen hat seinen Hof verkauft und
fährt nach Hamburg, um sich ein richtig tolles
Auto zu kaufen. Staunend steht er im Autohaus
und guckt sich einen schnittigen knallroten Sport-
wagen an.
„Der sieht ja recht ordentlich aus", sagt Bauer
Feddersen. „Aber ist er auch schnell? Ich meine,
so richtig schnell?"
„Schnell?" Der Verkäufer lächelt mitleidig. „Sie
fragen, ob dieser Ferrari auch schnell ist? Hören

Sie, wenn Sie jetzt in diesen Wagen einsteigen,
dann sind Sie morgen um vier Uhr früh in Wien!"
„Ach", sagt Bauer Feddersen. „Dann kaufe ich
ihn lieber nicht. Ich wüßte nicht, was ich um vier
Uhr morgens in Wien tun sollte."

Der Portier zeigt dem Gast sein Hotelzimmer.
„Dieser Raum ist ein wenig teurer. Dafür sehen
Sie von diesem Fenster aus jeden Tag die Sonne
untergehen!"
„Ach", sagt der Gast, „und bei einem Sturm?"
„Dann", sagt der Portier, „sehen Sie die Schiffe
untergehen."

„Na, Else, wie war's heute in der Stadt?" fragt
Herr Brösel.
„Interessant", sagt Frau Brösel. „Ich habe ein
paar alte Freundinnen getroffen."
„Himmel!" ruft Herr Brösel. „Du warst doch
nicht mit dem Auto unterwegs!"

Herr Zackenfritz kommt von seiner Geschäfts-
reise nach Hause.
„Guck mal, Schatz, was ich in Tokio gekauft
habe. Ein computergesteuertes Thermometer!"
„Ach", sagt Frau Zackenfritz enttäuscht, „und du
glaubst, mich interessiert, wie warm es in Japan
ist?"

Die Nacht ist hereingebrochen. Es gießt wie aus Eimern, und Blitze zucken durch die Nacht. An die Tür des einsamen Forsthauses pocht ein Wanderer und bittet um Unterkunft.

„Na schön", sagt der Förster, „aber Ihr Bett müssen Sie sich schon selber machen!"

„Wenn es weiter nichts ist", sagt der Wanderer dankbar.

„Gut", sagt der Förster. „Hier haben Sie Hammer und Nägel, und die Bretter liegen draußen im Schuppen."

Mia macht Urlaub auf dem Bauernhof. Da sieht sie das erstemal in ihrem Leben, wie die Katze eines ihrer Jungen mit den Zähnen am Genick packt und davonträgt.

„Du willst eine Mutter sein?!" ruft sie voller Empörung. „Nie im Leben bist du eine Mutter – du bist ja nicht mal ein Vater!"

Die U-Bahn ist wieder mal völlig überfüllt. Ein freundlicher Herr steht neben dem Fünfjährigen und seiner Mutter: „Na, haben Sie denn keine Angst, daß der Kleine zerdrückt wird?"

„Dem tut bestimmt keiner was", sagt die Frau, „der beißt!"

Ein ganzes Team von Wissenschaftlern ist einem Kannibalenstamm in die Hände gefallen.

Und es dauert auch nicht lang, bis die großen Kochtöpfe angeheizt sind.

„Den mit dem grünen Hut tun wir wieder raus", sagt der Medizinmann. „Mit dem habe ich in Göttingen studiert."

Zwei Skelette begegnen sich.

„Du strahlst ja so, ist irgendwas Besonderes los?"

„Ab morgen mache ich Urlaub!"

„Ach, und hast du schon 'ne Ahnung, wo du unterkommen wirst?"

„Noch nicht, ich muß mir erst einen Friedhofsführer besorgen."

Helle Aufregung im Transatlantik-Flugzeug. Erst jault die rechte Turbine und gibt ihren Geist auf, dann verabschiedet sich die linke Tragfläche, und schließlich kriegt die Chefstewardeß einen Herzanfall. Doch der Chefpilot hat die Ruhe weg.

„Meine sehr verehrten Damen und Herren, bitte beruhigen Sie sich", ruft er ins Bordmikrophon. „Wir haben alles im Griff."

Wenig später brennt auch die andere Turbine. Und der Pilot läuft mit seinem Fallschirm durch das Flugzeug zum Ausgang.

„Was machen Sie denn da?" rufen die Fluggäste.

„Ich geh' mal eben Hilfe holen!" antwortet der Pilot.

Um Mitternacht jagt ein Skelett die eisige Hahnenkamm-Abfahrt in voller Schußfahrt zu Tal. Ein Urlaubsgast sieht das und sagt zu seinem Freund: „Diese Tiroler. Tot sein allein reicht denen nicht. Wollen sich auch noch alle Knochen brechen."

Eine Missionsschwester hat sich im tiefsten Urwald verirrt. Sie hat furchtbare Angst vor den Wilden. Und tatsächlich – da streifen zwei Eingeborene durch das Dickicht. Die Schwester versteckt sich. Da bleibt der eine Wilde mit seinem Speer an einer Liane hängen und flucht: „Jesus, Maria und Josef noch mal!"
Erleichtert seufzt die Schwester: „Was für ein Glück – es sind Christen!"

Führung durch das Deutsche Museum in München.
„Und hier, meine verehrten Damen und Herren", erklärt der Museumsführer, „sehen Sie eine alte griechische Vase. Wer weiß, vielleicht hat sogar die schöne Helena einmal einen Strauß Blumen da hineingesteckt!"
„Na, so was!" wundert sich Frau Sedlmayer.
„Daß die schöne Helena sogar bis München gekommen ist!"

Urlaub auf dem Bauernhof. „Hinten in unserem Wildgehege haben wir sogar einen Waschbären!" berichtet die Bäuerin.
„Ei was", staunt Claudia, „bei uns in der Stadt haben wir zum Waschen eine Maschine."

„Herr Schaffner, mein Sitz wackelt!"
„Da sehen Sie mal, meine Dame", sagt der Schaffner, „bei der Deutschen Bundesbahn ist eben alles für den Fahrgast in Bewegung."

In der Halle des Hotels Olympia läuft der Page mit einem Schild herum: „Telefon für Herrn Olyperczinskowenipowsky, Telefon für Herrn Olyperczinskowenipowsky!"
„Könnte für mich sein", sagt ein Mann und ruft den Pagen. „Welcher Vorname?"

„Irgendwas muß dieser neue Schiffsjunge falsch verstanden haben", grübelt der Kapitän. „Dauernd schreit er ‚Land in Sicht'!"
„Und was ist falsch dran?" fragt der Offizier.
„Na ja, wir sind ja noch im Hafen."

Alle Chinesen, die mit dem Auto in die Bundesrepublik einreisen, bekommen jetzt ein Merkblatt:
„Bitte beachten Sie die volgeschliebene Lichtgeschwindigkeit!"

Ein Weißer hat sich auf einer Südseeinsel ein
nettes kleines Hüttchen gebaut und freut sich
schon auf die Trockenzeit. Sicherheitshalber hat
er sich kistenweise Limonade aus Europa
schicken lassen. Eben räumt er die Kisten in seine Hütte, als ein Eingeborener vorbeikommt. Der
Insulaner guckt eine Weile zu und murmelt
schließlich: „Oh, das wird eine trockene Trockenzeit!"
Der weiße Mann stutzt und denkt nach. Er vertraut den Worten des Einheimischen und läßt
sich noch fünf Kisten Limonade einfliegen. Wieder räumt er die Kisten ein, und wieder kommt
der Insulaner vorbei, guckt zu und sagt: „Wird
elend heiße Trockenzeit."
Der weiße Mann befürchtet nun das Schlimmste.
Er bestellt eine ganze Flugzeugladung Limonade.
Und wieder kommt der Insulaner vorbei, sieht all
die Kisten und murmelt: „Das wird heißeste
Trockenzeit seit Menschengedenken!"
Da gerät der Weiße in Panik. „Woher, verflixt
noch mal, weißt du das?" fragt er den Einheimi-
schen.
„Uraltes Insulanerwissen", sagt der Insulaner.
„Wenn weißer Mann so viel Limonade bunkert,
Trockenzeit wird viel, viel heiß!"

Familie Paffke aus Berlin ist zum erstenmal auf
der Alm.

,,Also an diesem herrlichen Grün könnte ich
mich glatt stundenlang weiden!" ruft Herr Paffke
begeistert aus.
,,Tun Sie sich nur weiden, soviel S' mögen",
meint der Landner-Bauer gemütlich, ,,für die
Küh' wird schon noch genug übrigbleiben."

Die U-Bahn ist total überfüllt. Ein Zwanzigjähri-
ger mit einem unglaublich langen und dichten
Vollbart steigt zu.
Da steht ein älterer, bartloser Mann auf und
grinst: ,,Setzen Sie sich doch, alter Herr!"
Der junge Mann lächelt dankbar und nimmt
Platz. Dann greift er in seine Tasche, holt eine
Mark heraus und sagt: ,,Hier, das ist für dich,
mein Kleiner. Kauf dir ein Eis!"

Familie Hürlimann verreist mit der Eisenbahn
und will Geld sparen.
,,Hör zu, Alfons", sagt Frau Hürlimann zu ihrem
dreizehnjährigen Sohn, ,,Kinder unter sieben Jahren zahlen die Hälfte. Also mach dich klein. Und
wenn der Schaffner kommt und fragt, wie alt du
bist, sagst du, sechs Jahre. Klar?"
Alles ist klar. Familie Hürlimann steigt ein, und
da kommt auch schon der Schaffner.
,,Eine Kinderfahrkarte für den jungen Mann?"
staunt er. ,,Na, sag mal, kleiner Freund, wie alt
du bist."

Alfons macht sich so klein wie möglich und piepst: „Sechs Jahre."

„Ach", sagt der Schaffner. „Du bist aber schon ganz schön groß für dein Alter. Wann bist du denn sechs Jahre alt geworden?"

„Unmittelbar bevor wir eingestiegen sind", sagt Alfons.

Herr Huber will nach England auf Urlaub fahren. Mit dem eigenen Auto. Sein Freund warnt ihn:

„Du weißt ja, die Engländer fahren alle auf der linken Straßenseite. Da mußt du ganz schön achtgeben!"

Nach ein paar Tagen trifft Herr Huber seinen Freund wieder.

„Nanu", sagt der Freund, „ich dachte, du bist in England?"

„Nein", meint Herr Huber, „ich bin lieber dageblieben."

„Und warum?"

„Ach weißt du, die Sache mit dem Linksverkehr hat mich sehr beunruhigt", erklärt Herr Huber. „Ich habe es zwischen Salzburg und München ausprobiert. Auf der linken Fahrbahn fahren – das ist ja wirklich irre gefährlich!"

Der neue Flugzeugpilot steuert zum ersten Mal einen großen Flughafen an.

Da meldet sich der Fluglotse über Funk vom
Tower: „Geben Sie Ihre Position an!"
„Ich sitze ganz vorne", funkt der neue Pilot zu-
rück.

Der Beduine reitet auf seinem Kamel durch die
endlose, hitzeflimmernde Wüste. Da überholt ihn
ein Radfahrer.
„Wie schaffst du das bloß, in dieser Hitze so
schnell zu fahren?" fragt der Beduine.
„Ganz einfach!" ruft der Radfahrer. „Je schneller ich fahre, desto stärker ist der Fahrtwind, und
desto kühler wird es." Dann saust er auf und davon.
Der Beduine denkt nach. Dann treibt er sein Kamel an. Immer stärker treibt er es an, und immer
schneller läuft es. Plötzlich bricht es erschöpft zusammen. Erschrocken ruft der Beduine: „Allah
ist groß. Jetzt ist mein Kamel im Fahrtwind erfro-
ren!"

Die Polizei stoppt den Lastwagen.
„Jetzt sage ich Ihnen schon zum drittenmal, daß
Ihnen der ganze Schotter hinten von der Ladefläche läuft!" schnauzt der Beamte.
„Und ich sage Ihnen zum drittenmal", schnauzt
der Fahrer zurück, „daß ich einen Streuwagen
fahre!"

Urlaub auf dem Bauernhof. Herr Schöbel will gerne auch mal eine Kuh melken.

„Selbstverständlich, geht in Ordnung", sagt der Bauer. „Nehmen Sie doch gleich die erste Kuh in der rechten Reihe. Und dort drüben finden Sie einen Melkschemel."

Abends treffen sich Herr Schöbel und der Bauer wieder.

„Na, wie ist es gegangen", will der Bauer wissen.

„Überhaupt nicht", sagt Herr Schöbel. „Die Kuh wollte einfach nicht auf den Melkschemel."

Herr Raffmeier hat sich eine schnittige Motoryacht zugelegt. Natürlich gibt es eine Einweihungsparty an Bord. Und dann will Herr Raffmeier zeigen, was für ein toller Kapitän er doch ist.

Prompt verliert er den Kurs, und seine Yacht knallt mit voller Fahrt gegen einen Kreuzfahrer. Es macht einen Höllenlärm.

Da schaut ein weißgekleideter Steward von der Bordwand herab und ruft: „Sie haben geläutet, Herr Kapitän?"

Herr Bückelmann hat Probleme mit dem Rücken – und das ausgerechnet im Urlaub auf Teneriffa. Der Arzt empfiehlt ihm, ein Brett unter die Matratze zu legen. Aber wo bekommt man bloß ein Brett her?

„Da unten im Park", sagt Frau Bückelmann, „da
habe ich ein langes, breites Brett gesehen!"
Des Nachts besorgen sich die Bückelmanns das
Brett und wollen es eben durch die Hotelhalle
schleppen. Da versperrt ihnen mit strengem Gesicht der Portier den Weg:
„Meinen Sie nicht", sagt er, „daß es jetzt ein
bißchen zu spät ist zum Tischtennisspielen?!"

Ehe der künftige Flugzeugpilot in die Luft gehen darf, muß er am Flugtrainer üben. Der Flugsi-
mulator sieht aus wie ein richtiges Cockpit. Alles
ist wie echt, und der Flugschüler startet. Doch sofort leuchtet der Benzinanzeiger rot auf.
„Ich will eben noch mal tanken", meint der Flugschüler kleinlaut.
„Daran hätten Sie vor dem Start denken müssen!" sagt der Fluglehrer. „Jetzt ist es zu spät."
Und tatsächlich. Schon ist die Nadel auf Null,
und alle Instrumente spielen verrückt. Ein Ab-
sturz ist unvermeidlich.
Da klettert der Schüler aus dem Simulator.
„Was zum Teufel haben Sie denn da gemacht?"
ruft der Lehrer.
„Na was schon", sagt der Flugschüler. „Ich bin
mit dem Fallschirm abgesprungen!"

Die Petersens sind auf Abenteuerurlaub im Urwald. Frau Petersen hat ein mulmiges Gefühl.

„Stimmt es", fragt sie den Führer, „daß in dieser Gegend Menschenfresser hausen?"

„Aber nein, gnädige Frau", beruhigt sie der Reiseleiter. „Diese Leutchen kämen nie auf den Gedanken, den Urlaubern etwas anzutun."

Erleichtert atmet Frau Petersen auf, da fährt der Führer fort:

„Nur, wenn Sie einen Unfall haben, dann ist es schon so, daß die Leute nichts verderben lassen."

„Mit Ihnen an Bord fühlen wir uns gleich viel sicherer, Herr Pfarrer", sagt der Kapitän des Luxusdampfers schmunzelnd.

„Daß Sie sich mal nicht irren", entgegnet der Geistliche. „Ich gehöre bloß zum Bodenpersonal. Mit der Geschäftsleitung hab' ich nichts zu tun!"

„Wenn eine Kuh am Tag 20 Liter Milch gibt, wieviel Liter sind das in der Woche?" fragt der Lehrer.

„Hundert!" sagt Oskar.

„Aber Heiner, du wirst doch sieben mal 20 rechnen können!"

„Wieso sieben?" staunt Oskar. „Gibt's auf dem Land denn keine Fünftagewoche?"

Helga lädt ihre Freundin Ilse übers Wochenende zu sich nach Hause ein. „Du mußt unbedingt kommen!" sagt sie. „Mein Bruder ist auch da!"

„Ach", meint Ilse, „ist er nett?"
„Klar!" sagt Helga.
„Und – sieht er auch gut aus?"
„Wie ein Gemälde!" sagt Helga.
Also kommt Ilse mit. Und ist furchtbar enttäuscht. „Wie ein Gemälde, hast du gesagt!"
schimpft sie. „Dabei hat dein Bruder eine Nase
wie eine Stoßstange, Blumenkohlohren und
krumme Beine!"
„Tja", sagt Helga, „ich konnte ja nicht ahnen,
daß du was gegen moderne Kunst hast."

Der Autofahrer rast durch die Straßen. Plötzlich
bremst er scharf neben einem Fußgänger, kurbelt
das Fenster runter und brüllt: „Sie Trottel, können Sie nicht aufpassen! Sie sind heute schon der
dritte, den ich fast überfahren hätte!"

Familie Bömmel zieht um. Die Möbelpacker
packen tüchtig zu, und das müssen sie auch.
Denn der Kleiderschrank ist wirklich furchtbar
schwer.
„Junge, Junge", stöhnt der Möbelpacker, „der
hat aber ein Gewicht. Als ob einer drinnen sitzen
würde."
„Sitzt auch einer drinnen", sagt Frau Bömmel.
„Mein Mann. Der hält die Kleiderbügel fest, damit sie nicht so klappern."

Der Schotte McKnauser ist nach Amerika ausgewandert. Nach drei Jahren besucht er seine Brüder in der Heimat. Und staunt nicht schlecht: Sie alle tragen lange Bärte.

„Ist das jetzt Mode bei euch in Schottland?" fragt er.

„Nein", sagen die Brüder. „Du hast unseren Rasierapparat mitgenommen!"

Zwei Irre treffen sich im Lift.

„Wirklich zu blöd", sagt der eine, „dauernd ist die Treppe defekt."

„Wo warst du eigentlich in den Ferien?" fragt Holger.

„Auf Hawaii. Wir wollten eigentlich Wellenreiten", erzählt Heiner. „Aber es war dann nicht so toll."

„Warum nicht? – Gab es keine Wellen?"

„Wellen gab es schon", sagt Heiner. „Aber auf der ganzen verdammten Insel kein einziges Pferd."

Taxifahrer: „Wie soll ich fahren?"
Fahrgast: „Schweigend!"

Immer diese Schule!

Dieses Jahr gibt es auf der Klassenfahrt eine Dampferfahrt über den Bodensee. ,,Noch eines, Jungs", sagt der Lehrer. ,,Seid ja vorsichtig und lehnt euch ja nicht hinaus. Und wenn doch einer von euch über Bord fallen sollte, Klaus, was ruft ihr da?"

,,Schüler über Bord!"

,,Schön", sagt der Lehrer. ,,Und was macht ihr, Rolf, wenn einer von den Lehrern ins Wasser fällt?"

,,Kommt drauf an", sagt Rolf, ,,welcher Lehrer."

Die Schule ist aus. Sabine, Karl und Thomas laufen nach Hause. ,,Und was machen wir am Nachmittag?" fragt Karl.

,,Ich weiß", sagt Thomas. ,,Wir werfen eine Münze. Bei Zahl gehen wir schwimmen. Bei Kopf gehen wir ins Kino."

,,Fein", sagt Sabine. ,,Und wenn die Münze auf dem Rand stehen bleibt, machen wir Hausaufgaben!"

,,Ich soll dir schöne Grüße vom Lehrer ausrichten", sagt der kleine Ralf nach der Schule. ,,Und morgen um acht Uhr abends ist Elternabend im kleinen Kreis."

,,Im kleinen Kreis?" fragt der Vater verwundert. ,,Wer kommt denn da alles?"

,,Na du", sagt Ralf, ,,und der Lehrer."

Schulausflug in den Bayerischen Wald. Die
Schüler übernachten in einer Jugendherberge.
„Ich will aber nicht unter dem Rolf im Stockbett
liegen", beschwert sich Dieter beim Lehrer.
„Warum denn nicht?"
„Dieter ist doch Bettnässer!"
„Ach", sagt der Lehrer. „Ist das schon bis zu dir
durchgesickert?"

Die Biologielehrerin erzählt von der heimischen
Vogelwelt. „Vögel, die auf langen dünnen Beinen dahinschreiten, nennt man Stelzvögel. Den
größten Stelzvogel habt ihr sicher alle schon mal
gesehen. Das ist der Storch."
„Hahaha!" lacht Andrea. „Der Storch! Meine
Mami hat mir erzählt, daß es den gar nicht gibt!"

Nach der Malstunde sagt die Lehrerin: „Petra
und Verena, ihr habt euch ja eure Pullover tüchtig mit Kleister bekleckert. Zu Hause solltet ihr
die Pullover gleich wechseln!"
„Das könnten wir eigentlich auch gleich machen", sagt Petra und zieht ihren Pullover aus.
„Komm, Verena, gib mir deinen."

„Christina", sagt der Lehrer, „was ist mehr:
achtzehn oder achtzig?"
Christina schweigt.
„Also schön", sagt der Lehrer. „Ich gebe dir ein

Beispiel. Was hättest du lieber zum Geburtstag: achtzehn Pfefferminzbonbons oder achtzig Pfefferminzbonbons."

„Ich hätte lieber achtzehn", sagt Christina.

„Lieber Himmel", ruft der Lehrer, „weißt du denn nicht, daß achtzehn Pfefferminzbonbons weniger sind als achtzig?"

„Natürlich weiß ich das", sagt Christina. „Bloß, ich mag keine Pfefferminzbonbons."

„Na, Max", fragt die Tante, „wie geht's in der Schule?"

„Gut", sagt Max, „ich bin in meiner Klasse immer der erste!"

„Na, das freut mich aber", sagt die Tante. „Der erste beim Rechnen?"

„Nein."

„Beim Lesen?"

„Nein."

„Beim Schreiben?"

„Nein."

„Wo dann?"

„Wenn's klingelt!"

Elke geht mit ihrer Mutter einkaufen. Plötzlich flüstert Elke: „Du, Mami, siehst du diesen Mann mit dem Hut? Ich möchte nicht, daß du dich von ihm anquatschen läßt!"

„Jetzt hör mal, was soll der Unsinn!" ruft die

Mutter. „Ich lasse mich doch nicht von irgend-
welchen Kerlen anquatschen!"
„Versprochen?" fragt Elke gespannt.
„Versprochen!" sagt die Mutter. „Aber sag mal,
wer ist denn das eigentlich?"
„Mein Klassenlehrer!"

Die kleine Ilse wird an die Tafel gerufen.
„Ich kann leider nicht", sagt Ilse. „Jedesmal,
wenn ich auf die Tafel gucke, wird mir schwarz
vor den Augen."

Der Religionslehrer erzählt vom Jüngsten Tag.
„In der Bibel steht geschrieben, daß dereinst die
Posaunen ertönen werden. Die Berge erzittern,
die Mauern stürzen ein, und aus den Gräbern steigen die Verstorbenen."
Rolf hört fasziniert zu. „Und", fragt er, „haben
wir dann schulfrei?"

„Hast du eigentlich gute Zähne?" fragt der kleine Udo seine Banknachbarin kurz vor der Pause.
„Hab' ich nicht", sagt Ilse. „Die wackeln alle."
„Dann ist es ja gut", sagt Udo. „Dann kannst du
auf meine Krachmandeln aufpassen, und ich geh'
mit den anderen Fußball spielen."

Erich stöhnt unter seinen Hausaufgaben. „Ich
wollt', ich wäre tot!" jammert er.

„Um Gottes willen, warum denn!" ruft der Vater. „Dann könnte ich den ganzen Tag lang faul im Sarg rumliegen."

Der neue Lehrer schielt ganz fürchterlich. Er steht vor Marion und fragt:
„Wieviel ist sieben mal sieben?"
„Neunundvierzig", sagt Ulrike.
„Dich hab' ich gar nicht gefragt!" sagt der Lehrer.
„Ich hab' ja auch gar nichts gesagt!" ruft Elke.

Die Lehrerin schreibt „3:3" auf die Tafel.
„Paul, was bedeutet das?"
„Unentschieden drei zu drei."

„Eine ganz einfache Aufgabe, Franz", sagt die Lehrerin. „Angenommen, dein Onkel hat sechs Mark in der Hand, und er ..."
„Geht nicht", unterbricht Franz. „Ich habe keinen Onkel. Ich habe nur eine Tante."
„Schön", sagt die Lehrerin, „angenommen, deine Tante hat sechs Mark in der Hand, und sie ..."
„Das geht leider auch nicht", sagt Franz. „Meine Tante kann keine Mark haben. Die wohnt nämlich in Australien. Aber ich habe einen großen Bruder."
„Also schön", seufzt die Lehrerin. „Angenommen, dein großer Bruder hat sechs Mark in der

Hand, und du bittest ihn, dir drei Mark zu leihen, wieviel hat er dann noch?"
„Sechs Mark", ruft Franz.
„Aber wieso denn?" ruft die Lehrerin ärgerlich.
„Weil er nie was herleihen würde."
„Jetzt wird es mir aber gleich mal zu bunt!" ruft die Lehrerin wütend. „Angenommen, dein Vater gibt deinem Bruder sechs Mark und befiehlt ihm, die sechs Mark mit dir gerecht zu teilen, wieviel hat er dann noch?"
„Vier Mark."
„Warum denn vier und nicht drei Mark?" ruft die Lehrerin verzweifelt.
„Weil ich noch nicht so gut rechnen kann", meint Franz.

„Es gibt eine ganze Reihe von Meereslebewesen, die trotzdem normale Luft atmen", erzählt der Biologielehrer. „Kann mir jemand vielleicht ein Beispiel nennen?"
Großes Nachdenken.
„Ich weiß", ruft Olga. „Matrosen!"

„Heike, jetzt erzähl uns mal, wozu die Kartoffeln gehören?"
„Zu den Nachtschattengewächsen!" sagt Heike stolz.
„Prima", sagt der Lehrer, „und Klaus wird uns sagen, wozu die Zwiebeln gehören."

„Die Zwiebeln", sagt Klaus, „gehören zum Kartoffelsalat."

Lehrer: „Claudia, nenne mir sechs Dinge, die Milch enthalten!"
Claudia: „Käse, Quark, Yoghurt, Rahm, Schokolade und ... äh ... Kühe."

„Heinz, mach den Fernseher endlich aus, und setz dich an deine Hausaufgaben!" ruft die Mutter.
„Keine Lust!" mault Heinz.
„Komm schon, Hausaufgaben haben noch keinen umgebracht!"
„Aha", ruft Heinz, „und ich soll also der erste sein!"

Geschichtsunterricht. „Im Mittelalter brachen gefährliche Seuchen über Europa herein und töteten Millionen von Menschen."
Fritz ist erschüttert. „Wenn im Mittelalter die Säuchen schon so gefährlich waren", überlegt er, „wie schlimm müssen dann erst die großen Säue gewesen sein!"

Herr Bolle ruft den Lehrer an.
„Sagen Sie, warum haben Sie meine Veronika heute vormittag nach Hause geschickt?"
„Weil mir Ihre Tochter erzählt hat, daß ihre

Schwester Masern hat!" sagt der Lehrer.
„Stimmt das etwa nicht?"
„Das stimmt schon", sagt Herr Bolle. „Aber die
ist zur Zeit in England."

Marie kommt von der Schule nach Hause.
„Stellt euch vor", ruft sie, „es gibt etwas, was in
der ganzen Schule niemand kann außer mir, nicht
einmal der Lehrer!"
„So, was denn?" fragt die Mutter.
„Meine Handschrift lesen!"

So einen schlechten Schüler wie Erik hat der
Deutschlehrer in seinem ganzen Berufsleben
noch nie gehabt.
„Was soll ich machen", jammert Erik. „Ich ka-
pier' einfach nichts. Ich kann mich anstrengen,
wie ich will. Was Sie sagen, geht bei beiden Ohren rein und beim anderen raus."
„Bei beiden Ohren rein und beim anderen raus?"
fragt der Lehrer erstaunt. „Aber du hast doch nur
zwei Ohren!"
„Das stimmt", seufzt Erik. „In Mathematik bin
ich auch ziemlich schlecht."

„Der Maulwurf ist ein äußerst gefräßiges Tier",
erzählt der Lehrer. „Tag für Tag frißt er so viele
Würmer und Engerlinge und Käfer, wie er selbst
wiegt."

,,Verstehe ich nicht", meint Klaus. ,,Hat er denn eine Waage?"

Langsam aber sicher wird der Religionslehrer ungeduldig. ,,Könnt ihr euch denn wirklich überhaupt nichts merken?" schimpft er schließlich entnervt. ,,Petrus war ein was? Er war ein Apo..., ein Apo..."
,,Ein Apotheker!" ruft Heidi.

Silke zeigt auf. ,,Herr Lehrer, was ist eigentlich ein Phänomen?"
,,Du willst es wirklich wissen?" fragt der Lehrer ungläubig.
,,Ja, wirklich!" ruft Silke.
,,Na, daß du dich einmal für irgendwas interessierst", sagt der Lehrer, ,,das zum Beispiel ist ein echtes Phänomen!"

Der Ethiklehrer versucht zu erklären, was man unter ,,Notwehr" versteht. ,,Wenn man in großer Not ist und wenn großer Schaden droht, dann darf man sich ausnahmsweise auch mit Mitteln wehren, die normalerweise verboten sind", sagt der Lehrer. ,,Erna, kannst du mir ein Beispiel nennen?"
Erna denkt nach. ,,Ein Beispiel für Notwehr ist", sagt sie, ,,wenn man die Schule geschwänzt hat. Dann ist man am nächsten Tag in großer Not,

und es droht großer Schaden. Dann darf man sich die Entschuldigung selbst schreiben."

Verkehrserziehung. Der Lehrer erklärt den Kindern, weshalb man beim Fahrradfahren ein Handzeichen geben muß, wenn man abbiegt: Damit sich die anderen Leute auf der Straße drauf einstellen können.

„Also", sagt der Lehrer, „wenn man nach rechts abbiegen möchte, zeigt man das mit der rechten Hand an. Nach links mit der linken Hand. Alles klar? Machen wir also einen Versuch. Wir wollen nach rechts abbiegen. Welche Hand strecken wir raus?"

Die Kinder heben die rechte Hand. Nur einer hebt die Linke.

„Was ist denn mit dir los, Kurt?" fragt der Lehrer.

„Das wissen Sie doch", ruft Kurt. „Ich bin Linkshänder."

Die kleine Sylvia kommt nach Hause.

„Weißt du, was heute auf dem Spielplatz passiert ist?" sagt sie. „Da ist ein Mann gekommen und hat mir ein Eis gekauft."

„Um Gottes willen!" ruft die Mutter ganz aufgeregt. „Mit dem darfst du niemals wieder sprechen, hörst du?"

„Wieso denn", sagt Sylvia. „Das war doch Papi!"

„Jetzt hör mal gut zu, Fritz", sagt der Religionslehrer. „Wenn du nicht aufhörst, Anna am Haar
zu ziehen, dann kommst du nie in den Himmel!"
„Komm' ich doch!" ruft Fritz.
„Ach", sagt der Lehrer. „Und wie willst du das
anstellen?"
„Ich habe da einen Plan", sagt Fritz. „Wenn ich
ans Himmelstor komme, dann mach' ich es auf,
dann mach' ich es wieder zu, und auf, und zu,
und auf, und zu. Und dann ruft der liebe Gott:
Um Himmels willen, Fritz, jetzt komm entweder
rein oder bleib draußen!"

Im Naturkundemuseum. Familie Brösel steht vor
einem ausgestopften Vogel Strauß.
„Dies, Kinder", sagt Herr Brösel stolz, „ist der
Vogel Strauß. Der ist ausgestorben."
„Aber Papi", ruft Willi Brösel, „der Vogel
Strauß ich doch nicht ausgestorben!"
Herr Brösel tritt einen Schritt näher, guckt sich
den Strauß genau an und sagt: „Dieser hier
schon!"

„Papi", ruft Elisabeth, „heute haben wir in der
Schule gelernt, daß der Mensch nur ein Drittel
seines Gehirns benutzt."
„Na, so etwas!" brummt Papi. „Und was macht
er mit seinem anderen Drittel?"

„Na, Frau Meier, was wird aus Ihrem Sohn eigentlich werden, wenn er endlich mit seinem Studium fertig ist?"

„Ich fürchte", sagt Frau Meier, „ein Rentner."

„Das Mädchen neben mir in der Schule ist furchtbar klug", erzählt Heinz. „Das hat echt genug Hirn für zwei."

„Klingt gut", seufzt die Mutter. „Vielleicht heiratest du sie ja eines Tages ..."

Der Schulinspektor kommt auf die Dorfschule im hintersten Bayern und fragt einen der Schüler: „Sag mal, wer hat die Berliner Mauer zu Fall gebracht?"

„Weiß nicht", sagt der Bub, „aber ich war's nicht."

Verärgert über so viel Unwissen wendet sich der Inspektor an den Schuldirektor und erzählt ihm die Sache. „Der Bursche ist ein Frechdachs!" sagt der Direktor. „Aber in diesem Fall sollten wir ihm glauben."

Der Schulinspektor traut seinen Ohren nicht und wendet sich an das Bayerische Kultusministerium. Wenig später erhält er folgenden Brief: „Mit Bezug auf die bedauerlichen Vorkommnisse im Zusammenhang mit der Berliner Mauer beehren wir uns, Ihnen mitzuteilen, daß diese Angelegenheit nicht in den Zuständigkeitsbereich des Kultusministeriums fällt, und empfehlen Ihnen, sich an den Bundesbauminister zu wenden."

"Die Schule bereitet auf das Leben vor", erklärt der Lehrer. "Und was man lernt, hilft später weiter. Deshalb sollte man seine Schulzeit nicht mit kindischen Späßen vertrödeln. Man sollte sich anstrengen!"
Prüfend blickt der Lehrer in die Gesichter der Schüler. Er ist sich nicht ganz sicher, ob sie das alles auch verstanden haben.
"Also, Ulrich", sagt der Lehrer, "warum sollte man sich in der Schule anstrengen?"
Ulrich blickt sich hilfesuchend um. Dann scheint es ihm zu dämmern.
"Sie haben recht", sagt er strahlend. "Warum sollte man auch."

Heute ist der Direktor im Mathematikunterricht mit dabei. Er will Heinzi prüfen.
"Sag mal, Heinzi", fragt er, "wenn jemand einen Fußball für 42 Mark und 25 kauft und ihn dann für 39 Mark 75 verkauft – hat er dann bei diesem Geschäft verdient oder verloren?"
Heinzi muß sehr lange überlegen. Dann sagt er:
"Beides – bei den Pfennigen hat er verdient, bei den Mark hat er verloren!"

Der Religionslehrer spricht über die Geburt von Jesus im Stall und zeigt das Michelangelo-Bild „Die Heilige Familie".

Karin zeigt auf. „Eins ist mir nicht klar. Warum kam Jesus nicht in einem ordentlichen Zimmer auf die Welt?"

„Weil in der billigen Herberge kein Platz war", sagt der Lehrer.

„Und warum haben sich Josef und Maria dann keine Wohnung gemietet?"

„Dafür waren sie zu arm", erklärt der Lehrer.

„Ach", sagt Karin, „aber um einen Maler herzubestellen, dafür hatten sie Geld!"

Der Lehrer will den Kindern zeigen, daß es gut und richtig ist, andere auf ihre Fehler aufmerksam zu machen – sogar einen Lehrer. Und er will zeigen, daß man davor keine Angst zu haben braucht.

„Also, Kinder, nennt eine Zahl!"

„15."

Der Lehrer schreibt 51 auf die Tafel. Niemand meldet sich. Neuer Versuch. „Eine andere Zahl!"

„37."

Der Lehrer schreibt 73 auf die Tafel. Abermals Totenstille. Noch ein Versuch.

„33!" ruft Ralf und flüstert seinem Nachbarn zu: „Mal sehen, was er da für einen Fehler reinhaut!"

Die erste Klasse hat gelernt, was eine Kuh ist und woher die Milch kommt. Zur Vertiefung des Stoffes wird eine Molkerei besichtigt. Ein netter Herr in einem weißen Mantel führt die Kinder im Betrieb umher und erklärt ihnen alle Arbeitsgänge.

„Hat einer von euch noch eine Frage?" sagt er zum Schluß.

Da hebt die kleine Helma den Finger: „Hast du schon gesehen, daß ich mein neues Fahrradkostüm anhabe?"

Als Ernas Vater von der Elternsprechstunde nach Hause kommt, ziehen dicke Wolken am Familienhimmel auf. Er schimpft und tobt und brüllt herum. Endlich fällt ihm nichts mehr ein, und Erna kommt zu Wort.

„Ich weiß gar nicht, was du willst", erklärt sie schnippisch. „Das ist doch ganz natürlich, daß die Lehrer mich dumm finden – die waren schließlich schon auf der Universität!"

Lehrer: „Die Zukunftsform von ‚wir laufen' ist ‚wir werden laufen' und von ‚wir sprechen' ‚wir werden sprechen'. Klar? – Bodo, was ist die Zukunftsform von ‚wir trinken'?"

Bodo: „Wir werden betrunken sein."

Was ist der Unterschied zwischen einem doofen
Lehrer und einem doofen Buch?
Ein doofes Buch ist leiser.

Der kleine Oskar hätte beim Weihnachtsspiel
gar zu gerne den heiligen Josef spielen wollen –
aber nichts da. Keine Chance für Oskar. Und
noch dazu sucht die Lehrerin ausgerechnet den
blöden Emil für die Rolle des Josef aus, und Oskar darf bloß den Herbergswirt spielen. Oskar
sinnt auf Rache ...
Der große Tag ist gekommen. Die Aufführung
nimmt seinen Lauf. Maria und Josef klopfen an
die Herbergstür.
„Wer klopfet an?" singt der Oskar, der Herbergswirt.
„Oh, zwei gar arme Leut'", singen Maria und
Josef.
„Was wollt ihr dann?" singt der Wirt.
„Oh, gebt uns Herberg heut", flehen Maria und
Josef.
„Okay, Leute", ruft der Herbergswirt. „Rein mit
euch. Ich habe noch ein schönes Zimmer frei.
Und soll ich die Hebamme anrufen?"

Lehrerin: „Also Kinder, heute werden wir zum
erstenmal mit Computern rechnen.
Erwartungsvolles Gemurmel in der Klasse. Dann
gespannte Stille.

Darauf die Lehrerin: „Else, sag mir: Wieviel ist vier Computer weniger drei Computer?"

Mathematiklehrer: „Wenn man von einem Ganzen viermal jeweils ein Viertel abzieht, was ist dann der Rest?"
Tiefes Schweigen in der Klasse.
Also versucht es der Lehrer noch einmal: „Stellt euch einen Pfirsich vor. So. Jetzt schneidet ihr ihn in vier Teile. So. Jetzt nehmt ihr ein Viertel weg, dann das zweite, das dritte und zuletzt das vierte Viertel. Kapiert?"
Die Klasse hat es kapiert.
„Also, Maria, was bleibt übrig?"
„Der Kern."

„Kurt ist definitiv der größte Faulpelz in unserer Klasse. Er schreibt wirklich unglaublich schlechte Klassenarbeiten."
„Und warum schreibt er nicht ab?"
„Zu faul."

Chemielehrer: „Welches Metall löst sich nicht auf, wenn man es in einen Topf mit Säure wirft?"
Oskar: „Gold!"
Lehrer: „Richtig! Und warum nicht?"
Oskar: „Weil niemand so blöd ist und Gold in einen Topf mit Säure wirft."

Vater: „Na, hat es in der Schule heute etwas Interessantes gegeben?"
Ria: „Ja. Der Religionslehrer hat uns was über Judas erzählt."
Vater: „Und was hat er berichtet?"
Ria: „Gar nichts Gutes, gar nichts Gutes."

Deutschlehrerin: „Ich gebe euch einen Satz: ‚Der Polizist wurde von einer Kugel getroffen.' Wo ist der Satzgegenstand?"
Frank: „Auf dem Friedhof?"

Heute morgen konnte Elisabeth nicht zur Schule, weil sie Bauchschmerzen hatte. Doch jetzt, am Nachmittag, möchte sie unbedingt schwimmen gehen.
„Das geht doch nicht", sagt die Mutter, „mit deinen Bauchschmerzen!"
„Doch", meint Elisabeth. „Ich kann ja rückenschwimmen."

„Sprichwörter haben meistens einen guten, einen tiefen Sinn", sagt die Lehrerin. „Das gilt auch für die Schule. Zum Beispiel: Was Hänschen nicht lernt, lernt Hans nimmermehr, oder: Was du heute kannst besorgen, das verschiebe nicht auf morgen. Kann mir jemand ein anderes schönes Sprichwort nennen, das auch für die Schule paßt?"

Jan zeigt auf und sagt: „Ein Narr fragt mehr, als zehn Weise beantworten können."

Nach der Biologiestunde schüttelt Heinz den Kopf und murmelt: „Wer hätte das wohl gedacht, wer hätte das wohl gedacht …"
„Was denn?" fragt Rolf.
„Daß Mädchen so wichtig sind!"

Lehrerin: „Der Mond sieht klein aus, ist aber in Wirklichkeit ziemlich groß. Was schätzt ihr, wieviel Länder wie Deutschland hätten auf seiner Oberfläche Platz."
Erich: „Bei Vollmond oder bei Halbmond?"

Während der Klassenarbeit stöhnt Frank plötzlich auf: „Es ist zum Kotzen!"
„Frank", sagt der Lehrer, „geh lieber raus."

Religionslehrer: „Der gute Hirte kümmert sich um seine Schafe. Er sorgt sich um jedes einzelne und schützt es vor Gefahren. Gott ist für uns Menschen wie ein Hirte."
Agnes: „Finde ich nicht gut."
Religionslehrer: „Warum nicht?"
Agnes: „Weil, wenn die Schafe alt sind, schlachtet sie der Hirte."

Rieke kommt mit dem Zeugnis nach Hause. Der
Vater wirft einen Blick darauf und ist vor Freude
über die guten Noten ganz aus dem Häuschen.
,,Aber das ist leider gar nicht mein Zeugnis", ge-
steht Rieke. ,,Das ist das Zeugnis von Peter."
,,Ach", sagt der Vater. ,,Und wo hast du deines?"
,,Das habe ich Peter geliehen", sagt Rieke. ,,Der
will damit seinen Vater erschrecken!"

Dorthe ist siebzehn und heute entsetzlich aufgeregt: Sie darf nämlich eine Solopartie bei der
Schulaufführung singen.
Aber alles geht nicht nur gut, sondern sie singt einen endlos langen hohen Schlußton. Das Publikum rast vor Begeisterung. Selbst Dorthes
Mutter will ihren Ohren nicht trauen und läuft
hinter die Bühne, um zu gratulieren.
,,So toll hast du das noch nie gesungen", jubelt
sie.
,,Ist auch kein Wunder", meint Dorthe lakonisch,
,,mir ist an der Stelle eine Fliege in den Mund gekommen – und ich mußte den Ton halten, bis sie
wieder draußen war!"

,,Wie läßt sich beweisen, daß die Erde rund ist,
Moritz?" fragt der Erdkundelehrer.
Erdkunde ist ja nun wirklich eine von Moritz'
schwachen Seiten, aber heute ist er gut drauf.
,,Na, ganz einfach, Herr Lehrer", grinst er,

„schauen Sie sich mal Ihre Absätze an – die sind immer auf einer Seite schief getreten!"

Über die Schulaufführung schreibt die Zeitung ganz boshaft:
„Und was die Harfenspielerin angeht: Oft ist der verzweifelte Kampf des Menschen mit dem Drahtgitter schon um einiges besser dargestellt worden ..."

Kevin ist vom gestrigen Fernsehabend noch ganz aufgeregt. „Mensch, hast du das auch gesehen?!" fragt er seinen Banknachbarn. „Dieser Vulkanausbruch auf Hawaii – whow!"
Der Nachbar grinst nur müde: „Vulkanausbruch, pah. Da solltest du meinen Vater erleben, wenn der heute abend mein Zeugnis sieht!"

„Also, Herr Lehrer", flötet die begeisterte Mutter, „seit wir nach Bayern gezogen sind, hab' ich mit meinem Klausi überhaupt keine Probleme mehr – er folgt sofort, wenn ich nur in die Hände klatsche!"
„Koa Wunder", knurrt der Dorfschullehrer, „immer wenn der Klausi frech wern will, hau' i seim Nachbarn eine nei. Was glauben S', wie gut sich da die Kinder unteranander erziagn dun!"

Geschichtsarbeit kurz vor Weihnachten, und
Helma hat wirklich nichts gelernt. Sie faselt eine
Weile dahin. An den Schluß der Arbeit setzt sie
noch etwas Persönliches und schreibt: ,,Gott allein weiß die Antworten auf Ihre Fragen, Herr
Studienrat – ich wünsche Ihnen ein frohes Fest!"
Im neuen Jahr bekommt sie die korrigierte Arbeit
zurück. Drunter steht: ,,Gott bekam eine Eins –
du allerdings eine Sechs. Prosit Neujahr."

Als Baggerfahrer Müller das Zeugnis seines
Sprößlings sieht, reißt ihm endgültig der Gedulds-
faden. ,,Nun mach' ich Schluß mit diesen Lehrern", knurrt er und schwingt sich auf seinen
Bagger.
Nach zwei Stunden kehrt er erschöpft, aber sehr
zufrieden wieder zurück.
,,Sag schon, Papi", bettelt sein Sohn, ,,was hast
du gemacht?"
,,Erst hab' ich das Haus des Mathelehrers zusam-
mengewalzt, dann kam der Geschichtslehrer
dran, danach hab' ich das Haus deines
Deutschlehrers platt gemacht und am Schluß das
vom Direktor ..."
,,Und warum hast du nicht einfach die Schule
platt gewalzt, Papi?"
,,Sei doch nicht dumm, mein Sohn", knurrt Baggerfahrer Müller, ,,ich mußte mir doch noch was
fürs nächste Zeugnis aufsparen!"

Letzter Schultag.

„Und jetzt bitte ich euch", sagt der Deutschlehrer, „kurz aufzuschreiben, wie sich durch den Unterricht eure Einstellung zu Büchern geändert hat."

Egon schreibt:

„Nichts hat sich geändert. Mir macht das Lesen trotzdem noch Spaß."

Fritz hat Probleme mit seiner Rechen-Hausaufgabe. Die Frage lautet:

„Auf dem Sparbuch sind 112 Mark. Es soll eine Schuld von 94 Mark beglichen werden."

Nach langem Grübeln schreibt Fritz: „Unschuld 18 Mark."

Lehrer: „Paul, in deinem Diktat habe ich 15 Fehler gefunden. Wie kannst du dir das erklären?"

Paul: „Nur so: Wer suchet, der findet."

Der Lehrer erzählt den Kindern, daß Amerika vor etwa 500 Jahren entdeckt wurde. Da zeigt Susanne auf.

„Das kann nicht stimmen", sagt sie. „In Amerika gibt es nämlich Bäume, die sind schon 1 000 Jahre alt."

Zwei Knirpse radeln im Höllentempo zur Tank-
stelle, springen von den Rädern und rufen:
„Schnell, einen Kanister Benzin!"
„Was braucht ihr Radfahrer denn Benzin?" fragt
der Tankwart.
„Keine langen Fragen", ruft der eine Knirps.
„Die Schule brennt!"

Lehrer: „Ilse, kannst du mir einen Fluß in Afrika nennen?"
Ilse: „Gerne. Welchen denn?"

Lehrer: „Was kommt nach sechs?"
Isabelle: „Sieben."
Lehrer: „Und was kommt nach sieben?"
Jan: „Acht."
Lehrer: „Und was kommt nach acht?"
Heinz: „Die Tagesschau."

Die Schüler sind heute wirklich spät dran. Es
hat schon längst geklingelt, und immer noch feh-
len einige Kinder. Da kommt Heinz in die Klasse
gestürmt.
„Entschuldigung, aber mein Bus ist kaputtgegan-
gen, und da mußte ich zu Fuß laufen!"
„Na schön", sagt der Lehrer.
Eine Minute später kommt Gerda.
„Tut mir leid, daß ich zu spät komme. Aber mein
Bus hatte einen Platten."

„Na ja", knurrt der Lehrer ärgerlich.

Nach einer Weile kommt Ernst.

„Bitte entschuldigen Sie", sagt er. „Ich habe zu Fuß gehen müssen, weil ..."

„... weil dein Bus kaputt war!" ergänzt der Lehrer grimmig.

„Das nicht", sagt Ernst. „Mein Vati wollte mich mit dem Auto bringen. Aber da war kein Durchkommen. Überall auf der Straße standen diese kaputten Busse herum."

In der bayerischen Dorfschule. Der Lehrer erklärt den Kindern, daß Pferde verschiedene Gangarten haben, zum Beispiel Trab und Galopp.

„Na, Hansi", sagt der Lehrer, „sag uns einen schönen Satz, in dem das Wort Galopp vorkommt."

Hansi denkt eine Weile nach. Dann sagt er: „Galoppt sei Jesus Christus."

Im Religionsunterricht geht es um die Sache mit dem Paradies und dem Sündenfall. Der Lehrer erklärt alles ganz genau.

„Na, Tonia", sagt er am Schluß der Stunde, „jetzt erzähle uns doch mal, warum Adam und Eva keinen Apfel vom Baum der Erkenntnis pflücken durften."

Tonia denkt nach. Dann sagt sie:

„Die hat der liebe Gott für Apfelmus gebraucht!"

Am ersten Schultag. Kaum ertönt die Sirene der
nahen Fabrik, packt der kleine Jupp seinen Ran-
zen und will gehen.
,,Vom Einpacken hab' ich nichts gesagt",
schimpft der Lehrer. ,,Setz dich wieder!"
Da starrt ihn Jupp grimmig an und sagt: ,,Was
weißt denn du! Wenn's heult, dann essen wir!"

Schulausflug aufs Land. Gegen Mittag kehrt
man in einem Biergarten ein.
Tatsächlich stakst dort ein zahmer Storch herum,
und die kleinen Mädchen fürchten sich. Sie laufen alle schreiend davon.
Werner bleibt ganz ruhig und sagt zu seinem
Freund:
,,Brauchst keine Angst zu haben. Männern tut er
nichts!"

In der Lessingschule ist das Klima wirklich
schlecht. Alle haben Knatsch miteinander, die
Schüler mit den Schülern und mit den Lehrern
und die Lehrer untereinander und überhaupt. Da
heuert der Direktor einen Psychologen an.
,,Also, Herr Direktor", sagt der Psychologe, ,,wo
genau liegt das Problem?"
,,Das fragen Sie mich, Sie aufgeblasener, hirnver-
brannter Idiot!" brüllt der Direktor. ,,Das herauszufinden, werden Sie ja bezahlt!"

Prüfungsfrage auf der Polizeischule:
„Wie bringt man eine große Volksmenge dazu,
daß sie sich friedlich zerstreut?"
Die richtige Antwort lautet:
„Man nimmt die Mütze ab und sammelt für den
Polizeiball."

Allerlei Getier

„Los, Heiner, heute gehen wir in den Tiergarten!" sagt Holger.

„Geht nicht", sagt Heiner. „Man läßt mich dort nicht mehr rein!"

„Warum denn nicht?"

„Ich habe die Affen gefüttert", sagt Heiner.

„Aber das ist doch kein Grund, jemanden nicht mehr reinzulassen – bloß weil er die Affen gefüttert hat!" meint Holger.

„Doch", sagt Heiner, „ich habe sie den Löwen gefüttert."

Bello und Wuff sind zwei Dorfhunde, die zum erstenmal in die große Stadt kommen – und wie sie staunen: Alles ist so anders und so riesig und so fremd. Die Stadthunde gehen an der Leine, die Häuser sind so hoch, und man kann kaum über die Straße gehen, ohne überfahren zu werden.

Als sie zu einem Parkplatz kommen, starrt Bello die Parkuhr an und sagt:

„Also weißt du, das würde ich ja alles aushalten. Aber eins gibt mir den Rest: daß man in der Stadt fürs Pinkeln auch noch zahlen muß!"

Auf der Polizeiwachstube klingelt das Telefon. Eine Stimme meldet sich:

„Hallo, hallo, in der Schillerstraße wird eine Frau vermißt!"

„Alter?" fragt der Polizist.

„Ungefähr 50 Jahre", sagt die Stimme.

„Kleidung?"

„Grauer Mantel, grüner Hut!"

„Besondere Kennzeichen?" will der Polizist wissen.

„Heult und hat einen Käfig in der Hand", sagt die Stimme.

„Komisch", sagt der Polizist. „Wer spricht denn da eigentlich?"

„Der Papagei!"

„Warum schlüpfen die Küken aus den Eiern?"

„Damit sie nicht mitgekocht werden."

Ein Mann bewirbt sich als Löwenbändiger beim Zirkus Sarrasossi.

„Tut mir leid", sagt der Direktor. „Der Posten ist besetzt. Aber schauen Sie doch nächste Woche wieder vorbei."

Herr Knolle fährt mit seinem Hund in der Eisenbahn. Kommt der Schaffner und sagt:

„Für diesen großen Hund müssen Sie eine volle Fahrkarte kaufen!"

„Na gut", sagt Herr Knolle. „Aber dann kriegt er auch einen Sitzplatz."

„Einverstanden", sagt der Schaffner. „Aber die Füße müssen auf dem Boden bleiben!"

Das Telefon läutet. Der Hund nimmt den Hörer ab und bellt kurz hinein.
„Wer spricht dort?" fragt die Stimme im Hörer.
„Wau", macht der Hund.
„Wie bitte?"
„Wau. W wie Willi. A wie Ali. U wie Ulli. Wau."

Familie Brösel hat einen Papagei bekommen.
„Na", fragt Frau Knolle, „seid ihr zufrieden?"
„Doch", sagt Frau Brösel. „Unser Papagei ist ein ganz außergewöhnliches Tier. Unser Papagei legt würfelförmige Eier!"
„So etwas!" sagt Frau Knolle erstaunt. „Und – kann er auch sprechen?"
„Nur ein einziges Wort!"
„Und welches?" will Frau Knolle wissen.
„Autsch!"

Maus und Elefant spazieren über eine hölzerne Brücke.
„Toll", sagt Maus, „wie laut wir trampeln!"

In der Tierhandlung.
„Ich möchte ein Tier kaufen, das sprechen kann", sagt der Kunde.
„Wie wär's mit einem Papagei?" fragt der Verkäufer.
„Papagei haben wir schon", sagt der Kunde.

„Na, dann vielleicht diesen Specht?"
„Wieso einen Specht?" fragt der Kunde. „Kann
denn der sprechen?"
„Das nicht", sagt der Verkäufer. „Aber er kann
morsen."

Zwei Mäuse sitzen vor der gläsernen Käse-
glocke und starren auf ein Stück Emmentaler.
„Armer Teufel", sagt die eine Maus. „Ist ihnen
glatt in die Falle gegangen!"

Zwei Katzen sitzen auf dem Baum gegenüber
der Entbindungsstation eines Krankenhauses.
Durch das Fenster sehen sie eine Menge neugebo-
rener Babys in ihren Bettchen liegen.
„Ich bin gespannt", sagt die eine Katze zur anderen, „wieviel von den Jungen sie behalten."

„Unsere Kuh ist krank", sagt Bauer Feddersen
zu seiner Frau. „Ich glaube, sie hat Darmver-
schlingung!"
„Unsinn", sagt die Bäuerin.
„Doch", sagt der Bauer. „Komm mit zur Kuh,
ich zeig' es dir!"
Draußen im Stall guckt der Bauer der Kuh ins
Maul und sagt: „So, und du hebst ihr den
Schwanz und guckst hinten rein. Und was ist –
siehst du mich?"
„Nein", gibt die Bäuerin zu.

„Na also", sagt der Bauer. „Verschlungener Darm."

„Kommst du mit mir auf die Galopprennbahn?" fragt Dackel Waldi seinen Freund Dackel Wuffi.
„Was denn tun?" fragt Wuffi.
„Jockeys angucken", sagt Waldi. „Die haben so schöne krumme Beine!"

Zwei Mäuse gehen auf Elefantenjagd, und tatsächlich kriegen sie einen kapitalen Burschen und schleifen ihn in die Küche. „Sieht lecker aus", sagt die eine Maus. „Aber ein bißchen klein für uns beide. Geh, fang du noch einen. Ich koche inzwischen diesen da!"
Die andere Maus geht wieder auf Elefantenjagd, und nach einer Weile kommt sie mit einem frischen Elefanten zurück. Und jetzt ist der erste Elefant weg.
„Was hast du mit ihm gemacht!" ruft die zweite Maus empört.
„Ich kann nichts dafür!" ruft die erste Maus.
„Der Kerl war noch nicht ganz tot und ist abgehauen!"
„Lüg nicht!" ruft die andere Maus. „Du kaust ja noch!"

„Johann", ruft die Baronin von Schreckenstein
ganz aufgeregt, „im Westflügel des Schlosses ist
eine Maus!"
„Sehr wohl, Gnädigste", sagt Butler Johann.
„Ich will sehen, ob die Katze zu Hause ist."

Frau Schüble ist empört.
„Stell dir vor", sagt sie zu ihrem Mann, „die
Frau Riedle hat ihrer Katze eine halbe Million
Mark vererbt. Ist das nicht unerhört?"
„Reg dich nicht auf", sagt Herr Riedle. „Das
Geld kriegt sie doch gar nicht!"
„Ach, und warum nicht?"
„Der Papagei will das Testament für ungültig er-
klären lassen."

Zwei Eisbären wandern durch die Wüste.
„Mann!" sagt der eine Eisbär. „Muß das hier
kalt sein im Winter!"
„Wie kommst du denn darauf?"
„Na, die haben ja meterdick Sand gestreut!"

„Nun glaub mir doch endlich, ich bin nicht verheiratet!" sagt der Kranich zu seiner Freundin.
„Ich schwöre es dir, dieser Ring da, der ist von
der Vogelwarte!"

Wer sagte: „Springen, nicht pusten?"
Der Dompteur zum Löwen vor dem Feuerreifen.

Elefant und Maus gehen baden. Elefant stürzt sich ins Wasser und schwimmt prustend einige Runden. Da ruft Maus:

„Komm sofort raus!"

Elefant hat keine Lust und schwimmt weiter.

„Rauskommen aus dem Wasser!" wiederholt Maus. „Sofort!"

Elefant stapft an Land und fragt: „Und wieso sollte ich rauskommen?"

„Ich finde meine Badehose nicht", sagt Maus. „Und da wollt' ich sehen, ob du sie mir geklaut hast!"

Frau Sperling beklagt sich bitterlich bei ihrer Freundin. „Mit meinem Mann", zwitschert sie, „geht es in letzter Zeit ganz furchtbar schlecht. Er kommt immer spät nach Hause, redet nichts mehr mit mir und kümmert sich nicht mehr um die Jungen."

„So etwas", sagt die Freundin. „Was hat er denn?"

„Ich fürchte", sagt Frau Sperling, „er hat eine Meise."

Zwei Tausendfüßler stehen im Regen an der Haltestelle und warten auf den Bus. Da fährt ein riesiger, golden lackierter Rolls-Royce vorbei. Im Fond sitzt ein dicker Tausendfüßler, telefoniert und raucht eine dicke Zigarre.

„Meine Güte, der Kerl scheint ja Geld zu haben", sagt der eine Tausendfüßler.
„Hat er, hat er wirklich", seufzt der andere.
„Und bloß, weil er den richtigen Beruf hat."
„So, welchen denn?"
„Er ist Sockenfabrikant."

„Ich hab' eine Idee, wie wir schön Geld verdienen können", sagt die Kuh zum Kamel. „Wir machen einfach eine Milchbar auf."
„Schön", sagt das Kamel. „Du lieferst die Milch. Und was liefere ich?"
„Das ist doch völlig klar", sagt die Kuh. „Natürlich die Hocker!"

„Papi", ruft die kleine Inge, „was ist eigentlich ein Zaunkönig?"
Der Vater schaut von der Zeitung auf und sagt: „Ach, irgend so ein irrer Fisch."
„Aber Papi", sagt Inge, „im Buch steht, der Zaunkönig baut sein Nest in dichten Hecken!"
„Sag' ich doch", brummt Papi. „Völlig irre, dieser Fisch."

Die Wildgänse rauschen wieder mal im Formationsflug nach Norden. Zum erstenmal ist dieses Jahr auch eine junge Wildgans dabei, und sie meckert dauernd. „Ich möchte bloß wissen", beschwert sie sich bei der Vordergans, „warum wir

alle diesem arroganten Idioten an der Spitze nach-
fliegen!"

„Ganz einfach", sagt die Vordergans. „Der hat
die Landkarte."

Kümmels haben vom Afrikaurlaub einen Hund
mitgebracht. Einen dicken gelben Hund mit
mächtigen Fangzähnen, gewaltigen Muskeln und
bösartigen Augen. Als die Nachbarn auf Besuch
kommen, sitzt der dicke gelbe Hund in einer
Ecke und verschlingt knurrend ein gewaltiges
Stück Fleisch.

„Meine Güte", sagt der Nachbar, „der sieht ja
wirklich zum Fürchten aus!"

„Ach", sagt Frau Kümmel, „da hätten Sie ihn
erst sehen sollen, bevor wir ihm die Mähne abge-
schnitten haben!"

Der neue Knecht hat Probleme beim Melken.
„Die Kuh, die Rosi", beschwert er sich bitter,
„die wedelt beim Melken dauernd mit dem
Schwanz. Und mit jedesmal Wedeln haut sie mir
eine Watschen ins Gesicht!"

Der Bauer denkt eine ganze Weile nach. „Ich
weiß, was du machen kannst!" sagt er. „Binde
der Rosi einfach einen Hammer an den
Schwanz!"

„Eine gute Idee!" ruft der Knecht strahlend, holt
sich einen Hammer, geht hinaus in den Stall –

und kommt eine Minute später zurück. Mit einem blauen Auge.

Zwei Känguruhmütter sitzen auf einer Parkbank.
Die eine kratzt sich unentwegt am Bauch.
,,Was hast du denn da?" fragt die andere. ,,Was
kratzt du dich denn dauernd?"
,,Das sind bloß die Krümel", sagt die erste Känguruhmutter. ,,Meine Kleine ißt dauernd Zwieback im Bett."

,,Mein Pferd ist wirklich ein blödes Vieh", beschwert sich Cowboy Jim. ,,Stell dir vor, gestern
bin ich aus dem Sattel gefallen und habe mir den
Knöchel verstaucht. Und was macht mein Pferd?
Es rennt los und holt den Doktor!"
,,Aber das ist ja echt gescheit!" ruft Cowboy Bill.
,,Überhaupt nicht!" sagt Cowboy Jim. ,,Das
Pferd hat den Tierarzt geholt!"

,,Jetzt sei endlich still, und friß den alten Socken
auf!" schimpft die Mottenmutter. ,,Sonst gibt's
nachher keinen Pelzmantel!"

Wer sagte: ,,Bitte, Mama, ich will keine Schnürschuhe!"
Der kleine Tausendfüßler.

Der Morgen graut, und die Fledermäuse schwirren zurück in ihre Höhle, um den Tag schlafend zu verbringen. Sie klammern sich nach Fledermausart mit den Krallen an die Felsen und lassen sich kopfüber herunterhängen. Nur eine einzige Fledermaus baumelt nicht, sondern setzt sich aufrecht hin.

„Hast du die dort in der Ecke gesehen?" fragt eine Fledermaus die andere.

„Klar", sagt die andere. „Das ist Inge. Die macht Yoga."

Die Kuh auf der Weide hebt den Schwanz, und platsch!, läßt sie einen enormen Fladen fallen. Eine Weile ist es still. Dann krabbelt eine Ameise unter dem Kuhfladen hervor und schreit: „Schweinerei! Genau ins Auge!"

„Mami", fragt der kleine Tintenfisch, „wie viele Arme haben wir Tintenfische eigentlich?"

„Na, laß uns mal zählen", sagt Mami Tintenfisch. „Eins, zwei, drei, vier, fünf, sechs, sieben, acht. Siehst du, wir Tintenfische haben acht Arme."

„Gut", sagt der kleine Tintenfisch, „und wie viele Beine haben wir?"

Die elegante Dame kommt in die Tierhandlung und verlangt einen Futternapf.

„Ich möchte einen Napf, auf dem draufsteht: Nur für den Hund", erklärt sie.
„Wieso denn das?" fragt der Verkäufer. „Kann Ihr Hund denn lesen?"
„Der Hund nicht", sagt die Dame, „aber mein Mann!"

Häschen kommt weinend von der Häschenschule nach Hause.
„Mami, du hast mich die ganze Zeit angelogen!" schluchzt Häschen.
„Aber wie kommst du denn darauf?"
„Kleine Häschen werden gar nicht vom Zauberer aus dem Hut gezogen!" ruft Häschen. „Wir haben gelernt, daß Häschen ganz normal auf die Welt kommen!"

Wer sagte: „Und jetzt, Kinderchen, husch, husch ins Brettchen."?
Die Holzwurmmutter.

Im Kino. Der Elefant sitzt genau vor der Maus. Nach einer Weile krabbelt die Maus auf den Sitz vor dem Elefanten, guckt sich triumphierend um und sagt:
„Jetzt siehst du es selber, wie das ist, wenn so ein Kerl genau vor einem sitzt!"

Zwei Schneckinnen wollen ausgehen und machen sich zurecht. Sagt die eine zur anderen: „Guck mal, Inge, sitzt mein Haus auch richtig?"

Der Tiergarten von Klein-Hinterstadt bekommt einen zweiten, einen neuen Löwen. Und der legt sich gleich mächtig ins Zeug. Er brüllt herum, saust wie ein Wilder durch den Käfig und erschreckt die Besucher so, daß sie sich kaum an das Gehege herantrauen. Am Abend ist er fix und fertig. Endlich kommt der Wärter. Dem alten Löwen bringt er einen riesigen Brocken Fleisch und dem neuen ein Büschel Bananen.

„Frechheit!" beschwert sich der neue Löwe beim alten. „Du liegst hier auf der faulen Haut und kriegst richtig schönes Löwenfutter. Und ich mache hier den wilden Löwen, und was ist der Lohn? – Ein Haufen Bananen!"

„Reg dich ab", sagt der alte Löwe. „So ist das halt in einem kleinen Tiergarten. Die können sich nur einen Löwen leisten. Die Planstelle für den Löwen besetze ich."

„Und was ist mit mir?" fragt der junge Löwe.

„Dich", sagt der alte Löwe, „dich führen sie als Affen."

Eine Auster sitzt deprimiert auf der Muschelbank. „Sie sind ja so trübsinnig heute", sagt die Nachbar-Auster. „Ist was Schlimmes passiert?"

„Kann man wohl sagen", sagt die Auster. „Gestern hatte ich ein Rendezvous mit Herrn Krebs. Er war ja so lieb. So charmant. So zärtlich!"
„Das ist doch schön!" meint die Nachbarin.
„Aber anschließend", schluchzt die Auster, „war meine Perle weg!"

Der Löwe rülpst und würgt und ist schon ganz blaß um die Nase. „Verdammt", knurrt er, „mir kommt das Essen immer wieder hoch!"
„Selber schuld", sagt die Löwin. „Ich hab' dir doch gleich gesagt, du sollst diesen Fahrstuhlführer nicht fressen!"

„Ich habe ein echtes Problem mit meinem Hund", sagt Herr Zupf zum Tierarzt. „Ich kann machen, was ich will. Mein Bello bleibt alle Augenblicke stehen."
„Wenn das so ist", sagt der Tierarzt, „dann sollten Sie mit ihm zum Uhrmacher gehen."

Der Hinterhuberbauer hat einen Papagei gekauft, doch der Kerl will einfach nichts sagen. Stundenlang sagt ihm der Bauer vor: „Sag schön ‚Guten Tag, mein Herr und Meister', na los. ‚Guten Tag, mein Herr und Meister'."
Der Papagei schweigt. Der Bauer packt den Papagei beim Kragen und brüllt: „Himmelherrschaftszeiten, sag doch endlich ‚Guten Tag, mein Herr

und Meister!' Sonst sperre ich dich in den Hühnerstall!"

Doch der Papagei schweigt, und der wütende Bauer sperrt den Papagei tatsächlich in den Hühnerstall.

Wenig später dringt aus dem Hühnerstall ein furchtbarer Lärm. Der Bauer stürzt in den Stall. Und er sieht, wie der Papagei den Hahn am Kragen packt und kreischt: ,,Himmelherrschaftszeiten, sag doch endlich ,Guten Tag, mein Herr und Meister'!"

Tina führt ihren neuen Hund spazieren und trifft ihre Freundin. ,,Ach, ist der Hund süß", ruft Inge. ,,Ich hätte auch so gerne einen. Aber meine Eltern sind echt gemein. Die wollen mir einfach keinen Hund schenken!"

,,Dann mußt du es so anstellen wie ich!" sagt Tina.

,,Wie hast du es denn gemacht?"

,,Ich habe meine Eltern immer wieder angebettelt, daß ich so gerne ein kleines Schwesterchen haben möchte. Ein Baby wollten sie noch viel weniger, und da haben sie mir dann wenigstens einen Hund gekauft."

Neben einem Briefkasten sehen zwei Hunde zu, wie ein Mann Briefe einwirft.

,,Ich weiß nicht, wer da wohnt", sagt der eine

Hund zum anderen, ,,aber jedenfalls kriegt er
eine Menge Post!"

Urlaub auf dem Bauernhof. Fasziniert sieht sich
der kleine Adrian um. ,,Papi, warum hat diese
Kuh keine Hörner?"
,,Weil sie ein Pferd ist!"

Was bekommt man, wenn man einen Tintenfisch mit einer Kuh kreuzt?
Ein Tier, das sich selbst melken kann.

Im Tiergarten. Die kleine Karla starrt den Storch
an. Nach einer Weile wirft der Storch den Kopf
zurück und klappert.
,,Mami, Mami", ruft Karla. ,,Er hat mich wieder-
erkannt!"

Die Handwerker sind zum Gruberbauern gekommen und wollen das neue Badezimmer verflie-
sen. ,,Aber die Hühner", sagt der Meister, ,,die
müssen raus."
,,Die stören doch nicht", sagt der Gruberbauer.
,,Die sind tüchtige Eierleger. Und jetzt dürfen sie
mal zuschauen, wie man Fliesen legt."

Das Pferd und der Esel fahren mit dem Auto in
Urlaub – das Pferd darf steuern. Kurz hinter der
italienischen Grenze paßt es einmal nicht auf.

Fast baut es einen Unfall – doch alles geht noch mal gut.
Da schüttelt der Esel den Kopf und sagt zum Pferd: „Na, du bist mir vielleicht ein Esel!"

Im Goldfischglas ist nur noch wenig Wasser – die Lage wird allmählich ernst. „Jetzt sitzen wir ganz schön in der Patsche", sagt Frau Goldfisch zu ihrem Mann, „das kommt von deiner ewigen Sauferei!"

Ottilie ist ganz verrückt nach Katzen. Als sie eines Abends vorm Schlafengehen unter ihrem Fenster ein Miauen hört, miaut sie zurück. Sehen kann sie das Tier zwar nicht, doch es antwortet ihr mit einem selig-sanften „Miau!"
Ottilie miaut wieder, und das Kätzchen gibt ihr wieder und wieder Antwort – mindestens zwanzig Minuten lang.
„Hach, ich kann die Katzensprache!" sagt sich Ottilie danach und schläft in dieser Nacht besonders glücklich.
Am nächsten Tag schaut ein Nachbar auf einen Sprung herein und erzählt: „Mir ist gestern etwas Merkwürdiges passiert. Ich habe zum Spaß miau gemacht, und da hat mir doch tatsächlich eine Katze geantwortet! Mindestens zwanzig Minuten haben wir uns miteinander unterhalten."

Nachwuchs bei den Schimpansen. Der Vater
guckt sich ganz entsetzt das Baby an.
„Ich weiß", beruhigt ihn die Schimpansenmutter,
„am Anfang sehen sie wie Menschen aus. Aber
das gibt sich wieder!"

Zwei Holzwürmer treffen sich im Käse. Sagt der
eine Holzwurm zum anderen: „Na, auch vom
Zahnarzt empfohlen?"

Rotkäppchen wandert durch den tiefen Wald,
um Großmutter zu besuchen. Da hört sie hinter
dem Busch ein komisches Geräusch. Ahnungslos
kommt sie näher. Jetzt schiebt sie die Zweige zur
Seite, da glühen gelbe Augen im Busch auf, und
zornig ruft der Wolf:
„Guck weg, ich muß mal!"

„Mama", stöhnt das Känguruhbaby verzweifelt,
„wann willst du endlich mal etwas gegen deinen
Schluckauf tun?"

Die Regenwürmer haben großen Silvesterball.
„Wie sich Hans-Günther nur in dieses Stück Gar-
tenschlauch verknallen konnte!" empört sich Petra Würmlin.
„Hast völlig recht", stimmt Elma Erdbohrer zu,
„die Alte ist doch völlig hohl ..."

Die schwere Operation an dem Nilpferd ist gelungen.

„Diesmal haben wir aber bestimmt keine Instrumente im Patienten liegengelassen", stellt der vergeßliche Tierarzt zufrieden fest. „Nicht wahr, Herr Direktor?"
Plötzlich wird er nervös.
„Wo ist denn der Herr Direktor?"

Irma wohnt im Schülerheim und hat einen Papagei bekommen. Gemeinsam mit ihren Freundinnen versucht sie, dem Vogel das Sprechen beizubringen. Immer wieder sprechen sie dem Papagei den Satz vor: „Komm, gib Küßchen. Komm, gib Küßchen!" Der Papagei schweigt.
Da klopft es an der Tür, und ein Zettel wandert durch den Spalt. Darauf steht: „Keine Ahnung, wen ihr da im Zimmer habt. Aber glaubt mir: Der Typ ist es nicht wert!"

Witzig, aber wahr

Das unfähigste Orchester der Welt
kommt aus der englischen Stadt Portsmouth.
,,Wenn wir schon schlecht spielen, dann so
schlecht, daß es wieder Spaß macht!" dachten
sich die Musiker, fast lauter Anfänger. Und dann
ging's los. Die Musiker nahmen sich die wichtig-
sten klassischen Orchesterwerke vor. Der Dirigent hatte nur eine einzige Aufgabe: Am Beginn
des Stücks hob er den Stock, um anzuzeigen,
wann es losging. Sobald er das Gefühl hatte, das
Werk sei jetzt zu Ende, senkte er den Taktstock,
und die Musikanten hörten auf.
Erstaunlicherweise waren diese Bemühungen
recht erfolgreich. Das Publikum konnte von den
haarsträubenden Aufführungen gar nicht genug
bekommen, und die Musiker aus Portsmouth nahmen sogar zwei Langspielplatten auf. Der berühmte Dirigent Leonard Bernstein, der sich die
tapferen Musikanten einmal angehört hatte, sagte
anschließend: ,,Diese Leute haben meine ganze
Auffassung von Musik verändert."

Den unglücklichsten Werbespot
drehte eine Lebensmittelfirma. Als sie einen Werbespot für ihr neues Müsli aufnehmen wollte, en-
gagierte sie dazu die bekannte englische
Schauspielerin Pat Coombs. Sie sollte das Produkt in ein, zwei Sätzen anpreisen; doch daraus
wurde nichts. Die Schauspielerin vergaß ihren

Text. Sie vergaß ihn nicht einmal und nicht zweimal. Es gab insgesamt 28 Versuche, den Spot zu
drehen. Doch Pat Coombs konnte sich den Namen des Müslis einfach nicht merken. Die Firma
gab schließlich auf. Der Fernsehspot wurde nie
zu Ende gedreht, und das Müsli kam nie auf den
Markt. Jahre später sagte die Schauspielerin:
,,Ich weiß noch immer nicht, wie das Ding wirklich hieß. Der Name war praktisch unaussprech-
lich. Ich werde nie mehr in meinem Leben Müsli
essen!" – Und wir werden nie mehr erfahren, wie
dieses Müsli hieß.

Die schlimmste Pleite auf dem Theater
erlitt 1983 eine Berliner Theatertruppe, die ,,Freie
Theateranstalt", bei den Theaterfestspielen im
schottischen Edinburgh. Die Schauspieler hatten
kein Schwein, das Stück mußte nach einer Viertelstunde abgebrochen werden, und die Zuschauer
bekamen ihr Geld zurück. Und das kam so:
Die deutsche Truppe wollte das Stück ,,König
Ubu" in einer sehr außergewöhnlichen Inszenie-
rung aufführen. Die schottischen Theaterfreunde
lasen auf den Plakaten, daß die Berliner ein
Schwein, mehrere Kakadus und Papageien auf die
Bühne bringen und eine ,,visuelle Symphonie und
bedrohliche Stille" erzeugen wollten. Die Besucher kamen in Scharen. Doch es gab ein Problem.
Nach England dürfen keine lebenden Tiere einge-

führt werden. Auf Kakadus und Papageien hätte
man verzichten können, nicht aber auf das
Schwein. Das Schwein nämlich sollte die Rolle
der Frau von König Ubu spielen. Also mußten
sich die Berliner Schauspieler für die Aufführung
ein schottisches Schwein ausborgen. Und dieses
Leihschwein versaute die Aufführung. Es grunz-
te die ganze Zeit derart laut auf der Bühne, daß
die Schauspieler nicht zu ihrem Text kamen.
Nach einer Viertelstunde gaben sie auf.

Der erfolgloseste Liedermacher

ist zweifellos der Engländer Geoffrey O'Neill.
Zwar hat er über 500 Songs und drei Musicals
komponiert, doch noch nie wurde eines seiner
Werke aufgenommen oder irgendwo aufgeführt.
Das macht ihm offensichtlich nichts aus. ,,Irgend-
wann schaffe ich den Durchbruch", sagt er. Und
bis es so weit ist, hält er erfolgreiche Vorträge
zum Thema ,,Erfolglose Komponisten".

Der unmusikalischste Musikfilm

ist ,,Meine Lieder, meine Träume" in seiner koreanischen Fassung. Der Film (mit Julie Andrews
in der Hauptrolle) zählt zu den erfolgreichsten
Filmen aller Zeiten. Er erzählt die Geschichte einer österreichischen Familie, die während der Na-
zizeit nach Amerika emigrierte und mit alpen-
ländischen Liedern erfolgreich wurde. Und natür-

lich besteht der Film hauptsächlich aus Musik-
nummern. Der Film lief in aller Welt.
Den koreanischen Kinos erschien er jedoch einfach zu lang. Man wollte ihn kürzen – und
schnitt einfach alle Lieder heraus. Den englischen Titel „Sound of Music" (Klang der Musik)
änderte man allerdings nicht. Ohne Lieder und
ohne Musik spielte der Film trotzdem vor vollen
Kinos in ganz Korea.

*D*en merkwürdigsten Wetterbericht
lasen die Leser der Zeitung Arab News im Januar
1979. Er lautete: „Wir bedauern, daß der Wetterbericht heute ausfallen muß. Wir erhalten unsere
Meldungen von der Wetterdienststelle auf dem
Flughafen von Jeddah, die jedoch infolge
schlechten Wetters geschlossen ist. Ob wir morgen wieder einen Wetterbericht liefern können,
hängt ganz vom Wetter ab."

*D*er langweiligste Professor
heißt Dr. Frank Oliver. Er ist der erste Professor,
der zweimal hintereinander den Preis für die langweiligste Vorlesung an einer englischen Universität erhalten hat. Seine Vorlesung im Jahr 1988
hatte den Titel „Koeffiziente Korrelationen im
Zusammenhang der Validität zweier Variabler
zwischen minus und plus eins". Ein Jahr später
wählten die Studenten wiederum Professor Oli-

ver zum langweiligsten Professor. Er hatte genau
dieselbe Vorlesung noch einmal gehalten.

Der zäheste Artist
ist Janos, der Unglaubliche Gummimensch. Seine Spezialität ist es, sich von Helfern mit den Beinen hinter dem Kopf so verknoten zu lassen, daß
niemand glauben kann, er würde jemals wieder
auf die Beine kommen. Dieses Kunststück ge-
lingt immer – fast immer. An einem unheilvollen
Abend im August 1978 ließ sich der ungarische
Artist in verknotetem Zustand in die Manege tragen. Niemand glaubte, er werde sich jemals wieder rauswinden können.
Und das Publikum hatte recht. Janos blieb einfach liegen. „Ich konnte mich plötzlich nicht
mehr rühren", sagte der Gummimensch später.
Er wurde in einem Lieferwagen in ein Krankenhaus gebracht und unter ärztlicher Aufsicht vorsichtig entknotet.

Die unverkäuflichste Ansichtskarte
gab es im Victoria Albert Museum in London zu
kaufen. Zu den ungewöhnlichsten Ausstellungs-
stücken des Museums zählt ein 600 Jahre alter ti-
betischer Wassereimer. „Warum also nicht
Ansichtskarten davon drucken lassen?" sagte
sich der Direktor und ließ 5 000 hübsche Ansichtskarten mit dem Eimermotiv drucken, um

sie im Kiosk des Museums an Besucher zu verkaufen. 24 Jahre später ließ der neue Direktor im Magazin nachzählen. Das deprimierende Ergebnis: ganze vier von 5 000 Karten waren verkauft worden.

Die entsetzlichsten musikalischen Fehlurteile gaben Experten der Schallplattenfirma Decca ab. Im Jahr 1962 bewarben sich die Beatles um einen Schallplattenvertrag – ohne Erfolg. „Wir mögen diesen Sound nicht", erklärten die Fachleute. „Bands mit Gitarren haben keine Zukunft!" – Übrigens war es selbst Wolfgang Amadeus Mozart nicht viel besser gegangen, als seine Oper „Die Hochzeit des Figaro" erstmals aufgeführt wurde. „Viel zu laut", sagte Kaiser Ferdinand, „und viel zu viele Noten."

Der schlechteste Spion,
den die Sowjetunion jemals eingesetzt hat, lieferte sein Meisterstück im Jahr 1967. Damals brach der für die Sowjetunion arbeitende Spion (namens R. E. Bruyeker) in die Nato-Marinebasis in Agnano (Italien) ein. Es gelang ihm, eine Schachtel mit streng geheimen Dokumenten zu entwenden. Unglücklicherweise vergaß der Spion seine Aktentasche. Sie enthielt nicht nur einen Hammer (zum Einschlagen von Glasscheiben) und eine Bibel, sondern auch Paß, Führerschein und

andere persönliche Dokumente, darunter auch seine Adresse. Wenig später saß der Spion hinter Gittern.

D*ie erfolglosesten Dinosaurier-Forscher* gruben 1930 in der Nähe von Teheran im Iran Fossilien aus, die sie als Rippen und Wirbelsäule eines seltenen Dinosauriers identifizierten. Die Fachwelt stand kopf. Aus Madrid reiste ein Team von weiteren Paläontologen an, um die aufregende Sache näher zu untersuchen. Das Ergebnis war allerdings niederschmetternd. Die Fundstücke stellten sich als Überreste einer Heuwendemaschine heraus, die bei einem Erdrutsch verschüttet wurde.

D*er merkwürdigste Schlüsselloch-Enteiser* war möglicherweise ein Engländer namens Peter Rowlands. Als er in bitterer Kälte seine vereiste Haustür nicht aufsperren konnte, erinnerte er sich, daß Warmluft eine zugefrorene Windschutzscheibe auftauen konnte. Also, dachte er, müsse man mit warmer Atemluft ein vereistes Schlüsselloch auftauen können. Gesagt, getan. Er kniete nieder und blies Luft ins Schlüsselloch. Unglücklicherweise froren dabei seine Lippen an. Und unglücklicherweise war er in diesem Zustand nicht in der Lage, Passanten seine Lage zu schildern und zu erklären, was er da tat. Alles, was er herausbrachte, war ein ersticktes Gemurmel. „Ich kam mir wie der größte Idiot vor", erzählte er später. „Aber nach zwanzig Minuten Schlüssel-loch-Atmen war das Eis getaut, und meine Lippen waren wieder frei."

*D*er teuerste Rechenfehler
passierte einem Techniker, der im Jahr 1962 die Mariner-I-Raumsonde programmierte. Das unbe-mannte Raumfahrzeug sollte am 28. Juli Rich-tung Venus fliegen. Alles war bestens berechnet: Beschleunigung, Anfangsgeschwindigkeit, Zeit-punkt des Ausfahrens der Solarzellen im Welt-raum, 80 Tage Raumflug, dann die computer-gesteuerte Kurskorrektur und schließlich 100 Tage Rundflug um den Planeten. Was aber wirk-lich geschah, war dies: Vier Minuten nach dem Start plumpste die Raumsonde ins Meer. Der Grund: Der Programmierer hatte vergessen, einer der vielen tausend Zahlen ein Minuszeichen vor-anzustellen. Der Schaden wurde später auf (nach heutigem Wert) etwa 300 Millionen Mark ge-schätzt.

*D*er erfolgloseste Erfinder
war möglicherweise der Engländer Arthur Paul Pedrick, der unter anderem ein Fahrrad erfand, mit dem man auch unter Wasser fahren konnte. Ein weiterer Glanzpunkt seiner Tätigkeit war die

Erfindung einer Vorrichtung, mit deren Hilfe man ein Auto vom Rücksitz aus lenken konnte. Insgesamt meldete er 162 Erfindungen zum Patent an; keine einzige wurde verwirklicht. Am erfolgversprechendsten war da noch die Idee, einen Golfball zu konstruieren, den man im Flug fernsteuern konnte. Besonders die schlechteren Golfspieler waren von der Idee begeistert. Doch die Spielregeln sprachen eine klare Sprache, und auch der ferngesteuerte Golfball kam nie auf den Markt.

Der unglücklichste Fahrschulprüfling war ein Fahrschüler, der 1981 in England antreten wollte. Der Fahrlehrer war nicht gleich zu finden. Also sah sich der Prüfling suchend auf dem menschenleeren Parkplatz um, ging zu einem Auto und hupte einmal. Der Prüfer kam herangeschlendert und erklärte dem Prüfling, daß es verboten sei, die Hupe eines stehenden Autos ohne Not zu betätigen. Durchgefallen!
Nur ein klein wenig länger dauerte die Fahrprüfung für eine Amerikanerin aus Auburn in Kalifornien. Sie ließ den Motor an. So weit, so gut. Dann machte sie einen Fehler. Anstatt zu kuppeln, trat sie versehentlich auf das Gaspedal. Der Wagen durchbrach die Wand der Garage und schoß auf die Straße. Die Prüfung hatte exakt eine Sekunde lang gedauert.

*D*er erfolgloseste Wettbewerb ‚Sicher am Steuer'
fand 1987 in Frankreich statt. Die Verkehrspoli-
zei wollte jene Autofahrer auszeichnen, die sich
im Straßenverkehr vorbildlich verhielten. Tage-
lang wurde der Verkehr von Polizisten in Zivil-
fahrzeugen beobachtet – erfolglos. Nach einigen
Tagen vergeblicher Suche nach einem vorbildli-
chen Fahrer wurden die Anforderungen gesenkt.
Nun ging es bloß darum, einen Autofahrer zu finden, der sich an die Verkehrsregeln hielt. Auch
dies erwies sich als schwierig. Denn als die Polizei endlich einen Fahrer anhalten wollte, der einen vernünftigen Eindruck gemacht hatte, raste
der einfach davon. Ein zweiter Kandidat für ,,Si-
cher am Steuer" überfuhr vor Schreck eine rote
Ampel. Schließlich zeichnete man, völlig entnervt, den ersten besten Fahrer aus, der sich am
Steuer wenigstens angegurtet hatte.

*D*as unbeliebteste Auto der Welt
war offensichtlich ein Ford vom Typ Edsel. Nur
ein einziges Exemplar dieses im Jahr 1957 in den
USA gebauten Straßenkreuzers wurde jemals gestohlen. Auch der Dieb hatte wahrscheinlich keine Freude mit seinem Gefährt. Ford Edsels
zeichneten sich durch folgende typische Mängel
aus: Die Türen ließen sich schwer schließen, der
Kofferraumdeckel klemmte, die Bremsen neigten
zum Versagen, die Batterie fiel ständig zusam-

men, der Lack blätterte ab, der Keilriemen riß immer wieder, und die Bedienungsknöpfe gingen so schwer, daß sie nur Leute mit starkem Daumen drücken konnten. Dazu kam, daß der Straßenkreuzer unglaublich viel Benzin verbrauchte – in einer Zeit, in der die Käufer zunehmend auf die Verbrauchswerte achteten. Der Ford Edsel verschwand sang- und klanglos vom Markt.

Die unglücklichsten Feuerwehrleute
stammen aus Irland. Kurz vor Weihnachten 1984 brannte das Feuerwehrhaus der Stadt Arklow völlig aus, und die armen Feuerwehrleute konnten nicht viel mehr tun als zugucken. Denn ihre gesamte Ausrüstung befand sich im brennenden Gebäude. Es war dies das zweite Mal innerhalb weniger Jahre, daß die Feuerwehrstation völlig ausbrannte.

Das fluguntüchtigste Flugzeug
unternahm seinen ersten und einzigen Flug im Jahr 1921 in Italien auf dem Lago Maggiore. Die private CA 90 des Grafen Caproni war ein Flugboot mit acht Motoren und neun Flügeln – also ein Neundecker. Augenzeugen beschrieben es als „überaus merkwürdiges geflügeltes Hausboot, nicht ganz unähnlich einem Schlachtschiff des 17. Jahrhunderts." Kaum jemand konnte sich vorstellen, daß sich das Ungetüm würde vom See

aus in die Luft erheben können. Dazu kam noch,
daß Graf Caproni als Eigentümer der CA 90 an-
geordnet hatte, fünf Tonnen Ballast mit aufzuneh-
men. Zum allseitigen Erstaunen hob das Flugzeug kurz und steil von der Wasseroberfläche ab.
Der Pilot drückte die Flugzeugnase etwas nach
unten, was zur Folge hatte, daß der Ballast nach
vorne rutschte. Die stolze CA 90 kippte nach vorne und plumpste in das Wasser.

Die denkwürdigste Ballonfahrt
unternahm der Flugpionier Charles Green im
Jahr 1823 in England. Vielleicht war es ein Ver-
sehen gewesen. Vielleicht hatte ihm jemand einen Streich gespielt. Jedenfalls war der Korb
nicht am Ballon befestigt, und als Green den
Brenner seines Heißluftballons zündete, erhob
sich der Ballon majestätisch in die Luft – und
ließ den Korb zurück. Verzweifelt griff der küh-
ne Flieger in die Seile des Ballons, um ihn festzu-
halten. Natürlich vergebens. Und er stieg mit auf
und stieg mit auf – bis er zu hoch in der Luft war,
um abzuspringen. Wohl oder übel schwebte Charles Green, verzweifelt am Ballon festgekrallt, mi-
nutenlang hoch über der Landschaft, bis sich der
Ballon langsam wieder senkte.

Der erfolgloseste Luftpirat
versuchte 1976 ein Flugzeug auf einem amerikanischen Inlandsflug zu kapern. Er zog die Pistole, nahm eine Stewardeß als Geisel und herrschte sie an: ,,Fliegen Sie nach Detroit!" – ,,Wir fliegen ohnehin nach Detroit!" sagte die Stewardeß. – ,,Dann ist es ja gut", sagte der Luftpirat, ließ seine Geisel frei, steckte die Pistole weg und nahm wieder Platz.

Den unfreiwilligsten Spaziergang
unternahm ein englisches Ehepaar im Mai 1987 in der französischen Stadt Boulogne. Boulogne liegt am Ärmelkanal direkt gegenüber der englischen Küste. Michael und Lilian Long waren mit der Fähre von England nach Frankreich gefahren, nur um in Boulogne einen Spaziergang rund um den Hafen zu machen und dann wieder nach Hause zu fahren. Unglücklicherweise verliefen sie sich. Das Paar wanderte die Nacht durch und fand sich am Morgen in einem Dorf mit Bahnhof wieder. Mister und Misses Long stiegen in den Zug und landeten irrtümlicherweise in Paris. Auch dort scheiterte ihr Versuch, einen Zug nach Boulogne zu bekommen. Statt dessen hielt ihr Zug um Mitternacht in Luxemburg. Die Polizei versuchte den übermüdeten Engländern zu helfen und setzte sie in einen Zug zurück nach Paris. Der Zug teilte sich jedoch, und der Waggon mit

den unglücklichen Engländern endete in Basel.
Ohne Geld und ohne Ahnung, wo sie gelandet
waren, versuchten Michael und Lilian Long Arbeit zu finden – erfolglos. Sie wurden aufgegriffen und von einem Eisenbahnbeamten persönlich
bis nach England begleitet.

„Das war unser erster Aufenthalt im Ausland",
sagten die beiden „Spaziergänger" nach ihrer
viertägigen Reise den wartenden Reportern,
„und sicher unser letzter!"

Die schlechtesten Songtitel
in englischer Sprache hat der amerikanische
Rundfunkjournalist Dr. Demento gesammelt. Die
Lieder selbst mögen ganz gut sein, aber die Titel
klingen wirklich gräßlich. Hier die wirklich
schlechtesten:

„Mama get your hammer, there's a fly on babys
head" (Mama, hol den Hammer, eine Fliege sitzt
auf dem Kopf des Babys);

„When there are tears in the eyes of a potatoe"
(Wenn die Augen einer Kartoffel voller Tränen
sind);

„I like bananas because they have no bones" (Ich
mag Bananen, weil sie keine Gräten haben);

„I've got tears in my ears from lying on my back
while I cry over you" (Ich hab' vom Liegen auf
dem Rücken Tränen in den Ohren, während ich
über dich weine);

„Jesus loves me, but he can't stand you" (Jesus liebt mich, aber dich kann er nicht ausstehen).

Der unglücklichste Boxer
heißt Daniel Caruso. Im Januar 1992 schlug er sich kurz vor einem Kampf persönlich k. o. Das kam so: Der Boxer hatte die Angewohnheit, sich vor jedem Kampf mit leichten Schlägen ins eigene Gesicht auf den Kampf vorzubereiten. Auf diese Art machte er sich unempfindlich gegen Schläge, die er während des Kampfes würde einstecken müssen. Das funktionierte immer ganz gut – bis zu jenem denkwürdigen Kampf in New York. Da schlug er nämlich versehentlich zu hart zu und brach sich Minuten vorher selbst die Nase. Der Ringarzt sagte den Kampf ab.

Das glücklichste Opfer eines Raubüberfalls
war der Amerikaner Angel Santana. Drei Männer überfielen im Jahr 1990 einen Laden, in dem Santana arbeitete, und sie versuchten, ihr Opfer zu erschießen. Dreimal feuerten sie auf Santana, dreimal trafen sie, doch der Mann blieb stehen. Die Räuber verloren die Nerven und ergriffen die Flucht. Dabei war Angel Santana alles andere als ein unverwundbarer Supermann. Er trug lediglich einen Overall mit starkem Reißverschluß. Und alle drei Kugeln waren im großen Zipper des Reißverschlusses steckengeblieben.

*D*er ungewöhnlichste Unfallfahrer
war ein Deutscher Schäferhund, der im amerikanischen Bundesstaat Illinois einen Fernlaster in
Bewegung setzte und dabei einen PKW rammte.
Herrchen hatte den Truck mit laufendem Motor
kurz abgestellt; Hund sprang in der Kabine umher und legte dabei den ersten Gang ein. Der
Truck schob sich die Straße entlang und rammte
ein Kleinauto. Die Fahrerin des Autos erlitt einen
doppelten Schock: zuerst, als der riesige Laster
das Heck ihres Autos eindrückte, und dann, als
im Führerhaus des Trucks kein Fahrer zu finden
war. Der arme Hund hatte sich vor Schreck in einer Ecke der Kabine verdrückt. Zum Glück hatte
er nicht auch noch Gas gegeben!

*D*er verkohlteste Autofahrer
war ein Amerikaner, der sein Fahrzeug aus einer
Zwangslage befreien wollte. Er hatte das Fahrzeug auf einer abschüssigen Straße abgestellt.
Als er zurückkam, stand hinter ihm ein anderes
Auto und dicht vor ihm ein mit Kohlen beladener
LKW. Der Fahrer des LKW war nicht zu sehen,
und da kam der eingeklemmte Autofahrer auf die
Idee, die Handbremse des Lastwagens zu lösen
und den Kohlelaster ein Stück weit vorwärts rollen zu lassen.
Gesagt, getan: Er kletterte ins Führerhaus und lö-
ste einen Hebel, den er für die Handbremse hielt.

Unglücklicherweise handelte es sich um den Hebel für den Kipper. Die Ladefläche hob sich unaufhaltsam, und das arme kleine Auto verschwand unter fünf Tonnen Kohlen.

Die merkwürdigste Darmkrankheit zog sich der Pekinger Arbeiter Xu Denghai am 26. Februar 1992 zu. Der Mann wurde mit einer ernsten Darmverschlingung in ein Krankenhaus eingeliefert, nachdem er stundenlang mit einem Hula-Hoop-Reifen geübt hatte. Er war nicht der einzige Chinese, dessen Eingeweide unter den Verrenkungen beim Hula-Hoop-Spiel gelitten hatten. Die Pekinger Abendzeitung veröffentlichte eine Warnung vor übertriebenem Ehrgeiz. Vor allem solle man die Reifen nicht nach dem Essen kreisen lassen.

Der möhrensüchtigste Patient war ein ehemaliger Raucher, der das Zigarettenrauchen aufgegeben hatte und statt dessen nun Karotten verzehrte. Der Mann, ein 40jähriger Tscheche, verspeiste täglich nicht nur vier Kilogramm Möhren, sondern konnte auch an nichts anderes mehr denken als ans Möhrenessen. Als ihm der Psychiater die Möhrenration kürzen wollte, zeigte der suchtkranke Karottenfreund ähnliche Entzugserscheinungen wie Raucher, die das Rauchen aufgeben müssen.

Die Fachzeitschrift für Suchtkrankheiten berichtete im Jahr 1992 über zwei weitere sonderbare Fälle von Karottensucht.

Den sonderbarsten und teuersten Appetit
hat ein englischer Obdachloser namens Allison Johnson. Er ißt am liebsten Silberbesteck. Insgesamt mußte er dreißig Mal operiert werden, um Gabeln und Löffeln aus seinem Magen zu entfernen. Immer wieder wurde er wegen Diebstahls verhaftet und wanderte ins Gefängnis. Polizei und Ärzte sind ratlos: Sobald Mister Johnson entlassen wird, pflegt er in das nächste bessere Restaurant zu gehen und frisches Silberbesteck zu verschlucken. Sein Anwalt sagt: ,,Mein Mandant kann nichts dafür. Er handelt unter Zwang. Es schmeckt ihm nämlich gar nicht, und er hat auch größte Verdauungsbeschwerden."

Der mächtigste Stotterer
war der englische König Charles I. Als er 1623 den Thron bestieg, hielt er eine Ansprache vor dem Parlament. Sie fiel sehr kurz aus und lautete: ,,Ich kann keine Ansprache halten." Dann setzte er sich auf den Thron.

Der eingebildetste Schlaflose
war der berühmte amerikanische Schriftsteller Mark Twain, Schöpfer so berühmter Figuren wie

Tom Sawyer und Huckleberry Finn. Besonders
schlecht schlief Mark Twain, wenn die Schlaf-
zimmerfenster geschlossen waren. Einmal über-
nachtete er im Haus einen Freundes und konnte
kein Auge zutun. Verzweifelt griff er nach einem
Polster und warf es in Richtung des geschlosse-
nen Fensters. Er hörte Glas splittern und genoß
das, was er als ,,frischen Luftzug" empfand.
Dann schlief er glücklich ein.
Am Morgen entdeckte er, daß er keineswegs das
Fenster zerbrochen hatte, sondern das Glas eines
Bücherschranks. Die ,,Frischluft" war bloße Ein-
bildung – aber sie half!

Der unglücklichste Produktname
für ein neues Auto war der Chevrolet ,,Nova".
Das Auto verkaufte sich im spanischsprachigen
Südamerika ungeheuer schlecht – kein Wunder:
,,Nova" (oder no va) heißt auf spanisch ,,Geht
nicht". Der Autotyp wurde für diesen Markt in
,,Caribe" umgetauft.

Das gotteslästerlichste Autoreifenprofil
hatten die Reifen einer japanischen Firma. Got-
tesfürchtige Araber konnten im Profil die arabi-
schen Schriftzeichen für Allah herauslesen und
fühlten sich in ihren religiösen Gefühlen beleidigt. Die japanischen Manager konnten noch so
sehr beteuern, daß das Reifenprofil überhaupt

nichts bedeuten sollte – sie mußten ihre Reifen wieder zurücknehmen und neue Reifen mit anderem Profil liefern.

Den schärfsten Haarschnitt
außerhalb des Militärs tragen die Angestellten des Vergnügungsparks „Eurodisney" in der Nähe von Paris. Männliche Mitarbeiter müssen sich verpflichten, regelmäßig zum Friseur zu gehen. Wer längere Haare trägt, die über den Hemdkragen oder über die Ohren reichen, wird gefeuert. Verboten sind außerdem Bärte und Schnurrbärte. Die Geschäftsführung begründet diese lächerliche Anordnung damit, daß sich Besucher von bärtigen oder langhaarigen Mitarbeitern belästigt fühlen würden.

Das leichteste Bett
ist nichts anderes als ein heliumgefüllter Ballon in Form einer Luftmatratze. Sobald niemand drauf liegt, schwebt es an die Zimmerdecke hoch. Zur Schlafenszeit zieht man es an einer Schnur zu Boden. Nach Ansicht des Erfinders William A. Calderwood (USA) ist es besonders gut geeignet für Kleinwohnungen.

Am wenigsten Angst vor üblem Mundgeruch
muß haben, wer den vom Japaner Katurmori Nakamura erfundenen Mundgeruchwarner benutzt.

Das Gerät analysiert ständig den Atem des Trägers und reagiert auf die chemischen Substanzen, die üblen Geruch ausmachen. Dann pfeift der Geruchsmelder. Der Erfinder hält das für eine tolle Idee. Schließlich weiß man selbst nie, ob man aus dem Mund riecht. Das merken immer nur die anderen ...

*D*en *dümmsten Lehrer* hatte der später so berühmte Erfinder Thomas Alva Edison. Der kleine Thomas war gerade mal drei Monate zur Schule gegangen, als der Lehrer seinen Schüler als ,,Wirrkopf '' beschimpfte. Thomas war so empört, daß er nach Hause ging – und sich weigerte, jemals wieder eine Schule zu betreten. Seine Mutter hatte nichts dagegen; sie übernahm den Unterricht, und schon ein Jahr später – im Alter von neun Jahren – las das kleine Genie bereits dicke Schmöker wie ,,David Copperfield'' von Charles Dickens und die Theaterstücke von Shakespeare. Grundkenntnisse in den Naturwissenschaften brachte sich Thomas selbst bei. Später wurde er zum erfolgreichsten Erfinder aller Zeiten. Ihm verdanken wir Dinge wie die elektrische Glühbirne und den Vorläufer des Plattenspielers.

Die auffälligste Beute eines Diebeszuges
war eine sieben Meter hohe, aufblasbare Gummi-
ente. Sie stand vor einem neuen Restaurant in
Sherman Oaks (Kalifornien) und warb um Gäste – doch nur zwei Wochen lang. Dann war sie
verschwunden. ,,Wir verstehen das nicht", sagte
die Polizei. ,,Nachbarn würden doch sofort be-
merken, wenn jemand eine 7-Meter-Gummiente
in seinem Garten aufstellt!"

Die lautstärksten Diebe
waren in einer Oktobernacht des Jahres 1990 in
einer kalifornischen Stadt unterwegs. Das kam
so: Eine Firma übersiedelte, doch der Safe war
zu schwer. Man stellte ihn über Nacht vor dem
Haus ab; am nächsten Morgen sollte ein Kranwagen kommen. Zwei nicht sehr helle Burschen er-
lagen der Versuchung: Sie banden den drei
Tonnen schweren Safe an einen Lastwagen und
schleiften ihn nach Hause, um ihn dort in aller
Ruhe aufbrechen zu können.
Natürlich war die Polizei schneller. Das nächtliche Rumpeln und Knirschen des Stahlsafes hatte
sämtliche Nachbarn geweckt. Außerdem hatte
der Stahl tiefe Rinnen in den Asphalt gerissen.
Die Spuren, die von den Dieben hinterlassen wurden, waren tatsächlich mit Händen zu greifen.
Der Safe war übrigens leer gewesen.

Den falschesten Fluchtweg
nahmen drei jugendliche Autoknacker nach einem mißglückten Versuch, ein Auto aufzubre-
chen. Sie wurden vom Besitzer des Autos auf
frischer Tat entdeckt, der sofort die Polizei alar-
mierte. Die drei Jugendlichen kletterten über einen hohen Zaun und rannten davon. Allerdings
kamen sie nicht weit. Sie waren ausgerechnet
über jenen Zaun geklettert, der das Staatsgefäng-
nis St. Quentin umgibt. Und so saßen sie in der
Falle. Es war dies das erste und einzige Mal, daß
in dieses ausbruchssichere Gefängnis eingebrochen wurde.

Die seltsamsten Fundsachen
sammeln sich im Fundbüro der Londoner Ver-
kehrsbetriebe an. Hier findet man die kuriosesten
Gegenstände, die in der U-Bahn und in den Bus-
sen von London vergessen und niemals abgeholt
wurden: Ein Sarg ohne Deckel, ein Außenbord-
motor, ein ausgestopfter Falke, eine Urne mit der
Asche eines Toten, eine Beinprothese und ein
Doppelbett. Eine Schachtel mit Glasaugen, die
ebenfalls im Bus verlorengegangen war, wurde
sechs Jahre später wieder abgeholt. Sie gehörte
einem Krankenhaus.

Das einschläferndste Buch

hat der amerikanische Vogelkundler Alexander F. Skutch geschrieben. Sein Titel: „Birds Asleep" (Schlafende Vögel). Etwas spannender ist das Werk des schwedischen Völkerkundlers Gerhard Lindblom über die sogenannte Nilotenstellung. Das ist eine Körperhaltung, bei der man auf einem Bein steht und das andere Bein anwinkelt. Der freie Fuß rastet auf dem Knie des anderen Beines. Tatsächlich ruhen die Menschen in manchen Teilen Afrikas, Südamerikas und Südasiens auf einem Bein stehend.

Das witzigste Wortgefecht

in der Geschichte der Literatur lieferten sich die beiden britischen Schriftsteller Gilbert Chesterton und George Bernard Shaw. Die beiden Literaten sahen sich alles andere als ähnlich. Shaw war lang und hager, Chesterton klein und ziemlich rundlich. Und die beiden waren gar nicht gut aufeinander zu sprechen. Nach einem erbitterten Wortgefecht rief einmal Chesterton: „Und überhaupt, Mister Shaw, wenn man Sie so ansieht, möchte man meinen, eine Hungersnot sei ausgebrochen!"

„Mag sein", sagte Shaw und schmunzelte. „Und wenn man Sie so ansieht, weiß man auch gleich, wer dran schuld ist!"

Der billigste Dichter

steht – als Statue – in der Stadt Guayaquil in
Ecuador. Die Bürger der Stadt wollten dem be-
rühmtesten Sohn der Stadt, dem Poeten José Olmedo, ein Denkmal errichten lassen. Leider
fehlte es am nötigen Geld, um die Statue in Auftrag zu geben. Doch Not macht erfinderisch. Die
pfiffigen Stadtväter kauften in England für wenig
Geld eine gebrauchte Statue, die den englischen
Dichter Lord Byron zeigt. Sie stellten das Denkmal auf dem Stadtplatz auf – und schrieben den
Namen „José Olmedo" darunter.

Der schüchternste Bankräuber

überfiel 1969 eine Bank in Oregon (USA). Er trat
an den Schalter und schob dem Beamten einen
Zettel zu. Auf dem Zettel stand: „Das ist ein
Überfall. Ich habe eine Pistole!" Während der
Bankbeamte die Botschaft las, schrieb der Bankräuber auf einen zweiten Zettel: „Stecken Sie alles Geld in eine Papiertüte!" Der Beamte behielt
die Nerven. Er studierte die Nachricht. Dann
schrieb er auf den Zettel: „Ich habe keine Papiertüte" und schob ihn dem Räuber zurück.
Dieses Problem hatte der Bankräuber nicht vor-
hergesehen. Er packte den Zettel, lief davon und
wurde nie mehr gesehen.

Der unbrauchbarste Atombunker
wurde in einem englischen Landkreis gebaut.
Eigentlich sollten darin die Beamten der Kreis-
verwaltung von Northamptonshire bei einem
Atomkrieg einige Wochen lang Unterschlupf finden. An alles war gedacht: Wassertanks, Luftauf-
bereitungsanlage, Medikamente, Vorräte, eigene
Druckerei. Nur eins hatten die Architekten vergessen: Toiletten.

Der Verein der intelligentesten Menschen
heißt Mensa. Mitglieder können nur Leute werden, die bei Intelligenztests ganz hervorragend
abschneiden. Aber auch bei den Superklugen
klappt nicht immer alles.
Als die Mensa-Mitglieder von San Diego (Kalifornien) zu einer Wein-und-Käse-Party zusam-
menkamen, amüsierten sich die Intelligenz-
bestien zwar ganz gut. ,,Aber noch besser wäre
es gewesen", sagte der Vereinspräsident Jack Ka-
naan, ,,wenn wir nicht vergessen hätten, Käse
mitzubringen."

Der unglückseligste Fallschirmspringer
war ein Amerikaner, der auf einer Autobahn in
Illinois notlandete. Fast alles ging gut. Die Fahrbahn war frei, und der Springer landete unver-
sehrt. Anschließend brummte ihm allerdings die
Autobahnpolizei einen Bußgeldbescheid auf.

Grund: Benutzung eines unerlaubten Zufahrtsweges.

Den überflüssigsten Gehörschaden
hatte ein älterer Herr aus Sidney (Australien). Mit der Zeit wurde sein Gehör schwächer und schwächer. Er konnte kaum noch hören, was andere Leute sagten – obwohl er ein Hörgerät im rechten Ohr trug. Schließlich ging der Patient zum Ohrenarzt. Der Doktor nahm das Hörgerät heraus, untersuchte es und steckte es dem älteren Herrn wieder ins Ohr. Irrtümlich aber in das andere, in das linke Ohr. Und plötzlich hörte der Patient wieder bestens.
Des Rätsels Lösung: 25 Jahre zuvor hatte sich der Pechvogel ein Hörgerät anpassen lassen – und versehentlich in das falsche Ohr gesteckt. Ein Vierteljahrhundert hatte er es im gesunden Ohr getragen.

Der unfreiwilligste Brandstifter
heißt Derek Langborne. Dabei wollte der englische Wissenschaftler bloß Feuer im Kamin anmachen. Also zündete er die Holzspäne an und ging hinaus in den Schuppen, um Kohle zu holen. Als er zurückkam, war ein Stück Holz aus dem Kamin gefallen und hatte die Kiste mit den Spänen in Brand gesteckt. Professor Langborne packte die Kiste und trug sie eiligst in den Garten hin-

aus. Dabei streifte er den Vorhang und steckte
ihn an. Nun war es an der Zeit, die Feuerwehr zu
rufen. Derek Langborne lief zum Telefon; dabei
sah er, daß die brennende Kiste sein Auto ange-
steckt hatte. Er warf den Hörer zurück auf die Ga-
bel und raste hinaus, um das Feuer mit einem
Eimer Wasser zu löschen. Dabei stolperte er über
einen Benzinkanister. Der Treibstoff lief aus und
fing Feuer. Unterdessen brannte auch das Wohnzimmer schon lichterloh. Glücklicherweise traf
sogleich die Feuerwehr ein und rettete, was noch
zu retten war. Ein Nachbar hatte sie gerufen ...

*D*er merkwürdigste Mordprozeß
fand 1978 in Kanada statt. Die Verhandlung
mußte abgebrochen werden, als sich herausstellte, daß einer der Geschworenen taub war, ein
zweiter kein Englisch sprach und ein dritter taub
war und außerdem nicht Englisch konnte.

*D*as aufsehenerregendste Ergebnis
einer wissenschaftlichen Untersuchung lieferte
das Forscherteam einer Universität in Ohio
(USA). Die Wissenschaftler hatten den Auftrag
herauszufinden, wie sich die Mäuseplage in den
Getreidesilos am besten bekämpfen ließe. Nach
etlichen Wochen fanden die Forscher die kosten-
günstigste und umweltverträglichste Methode.
Sie lautete: mit Hilfe von Katzen.

Die untauglichste Methode,
der Rattenplage Herr zu werden, ersann ebenfalls
ein amerikanisches Forscherteam. Die Wissenschaftler entwickelten eine Antibabypille für Ratten. Womit die Experten jedoch nicht gerechnet
hatten, war, daß Ratten auch sehr heikel sind. Sie
nahmen die Pillen zwar gerne ins Maul, spuckten
sie anschließend jedoch sofort wieder aus.

Der kaltblütigste Ladendieb
versuchte sein Glück in einem Supermarkt in
Nürnberg. Er wollte ein Hühnchen aus der Tief-
kühltruhe klauen. Sein Trick: Er steckte sich das
Diebesgut unter seinen Hut. Dann stellte er sich
an der Kasse an. Plötzlich brach er bewußtlos zusammen. Das eiskalte Hühnchen hatte seinen
Kopf unterkühlt.

Die gründlichsten Erbauer von Zäunen
waren in England unterwegs. Ihr Auftrag lautete:
einen festen Zaun um das Altersheim der Stadt
Otley zu errichten, um Dieben das Eindringen in
die Anlage unmöglich zu machen. Also rückten
die städtischen Bauarbeiter mit Lastwagen, Bau-
maschinen und jeder Menge Material an. Nach einer Woche Arbeit stand ein fester, 100 Meter
langer Zaun.
Alle waren zufrieden. Eine Ausnahme bildete lediglich der Lastwagenfahrer. Sein Wagen stand

innerhalb des Zaunes. Man hatte vergessen, eine
Ausfahrt zu bauen. Am folgenden Tag mußten
die Arbeiter zu Fuß anrücken, um ein Loch für
die Ausfahrt in den Zaun zu brechen und den
Lastwagen zu befreien.

*D*er nahrhafteste Punker
stammt aus Bielefeld. Mit seinem grasgrünen
Schopf war er auf einer Parkbank eingeschlafen,
als ein Kamel vorbeispazierte. Es gehörte zu einem Zirkus, der gerade in der Stadt gastierte. Das
Kamel jedenfalls nahm Grün für Gras. Der junge
Mann erwachte von dem merkwürdigen Gefühl,
das man hat, wenn einem ein Kamel die Haare
vom Kopf frißt.

*D*er gründlichste Fleckentferner
war in Clermont-Ferrand (Frankreich) am Werk.
Der Mann wollte einen hartnäckigen Flecken aus
seinem Mantel entfernen. Als keines der üblichen
Mittel half, begann er zu grübeln. „Wenn Benzin
gegen Flecken hilft", dachte er, „und Waschen
auch hilft – wie gründlich muß dann erst die
Waschmaschine mit Benzin funktionieren!"
Also steckte er den Mantel in die Waschmaschine und goß Benzin statt Waschpulver hinein. Die
Funken des Elektromotors setzten allerdings das
Benzin in Brand. Schließlich war zwar der Fleck
weg. Aber mit ihm auch der Mantel. Auch die

Waschmaschine brannte lichterloh und zuletzt
das ganze Häuschen.

Der cleverste Dieb

räumte bei einem Rugbyspiel in Stockport (England) tüchtig ab. Unmittelbar vor dem Spielbe-
ginn erschien er plötzlich in den Umkleide-
kabinen, wies einen Beutel vor und sagte: „Hier,
für die Wertsachen!" Die Spieler beider Mann-
schaften gaben bereitwillig Uhren, Kreditkarten
und Geld im Gesamtwert von umgerechnet meh-
reren tausend Mark ab. Sie sahen ihre Wertsachen allerdings nie wieder.
Der Stockporter Mannschaftskapitän Paul Butter-
field sagte später der Polizei: „Es war ein freundlicher älterer Herr. Wir glaubten, daß er zur
anderen Mannschaft gehörte. Und die anderen
glaubten, er gehört zu uns."

Die gefährlichsten Biber

wohnen in Cibletown in den USA. Auf einer
Farm hatte sich eine ganze Sippschaft eingeni-
stet. Der Farmer wollte die Nagetiere auf rabiate
Weise loswerden und den ganzen Bau in die Luft
sprengen. Er bastelte sich eine Art Handgranate
und warf sie in die Wohnhöhle der Biber. Die
Tiere freilich hatten für dieses merkwürdige
Ding keinen Bedarf und warfen es flugs aus dem
Bau. Der Bauer mußte sofort in Deckung gehen.

Die Granate explodierte im Freien und zerstörte
eine Scheune.

Die merkwürdigsten Zahnschmerzen
hatte eine Engländerin, die sich bei ihrem Zahnarzt über „irgendwie wuchernde" Schmerzen im
Kieferbereich beschwerte. Der Doktor ging an
die Untersuchung – und beförderte ein winziges
Tomatenpflänzchen aus der Mundhöhle ans helle
Tageslicht.
Der Patientin war irgendwann mal ein kleiner To-
matenkern hinter dem künstlichen Gebiß steckengeblieben. Der Samen hatte tatsächlich gekeimt
und dabei auf das Zahnfleisch gedrückt. Der
Zahnarzt entfernte das Gärtchen im Gebiß und
wies die Patientin zu besserer Gebißpflege an.

Der lächerlichste Verkehrsunfall
ereignete sich bei dichtem Nebel in Deutschland.
Zwei Autofahrer stießen mit den Köpfen, und
nur mit den Köpfen, frontal zusammen und
mußten in das Krankenhaus eingeliefert werden.
Beide Autos blieben vollkommen heil. Und das
kam so: Im undurchdringlichen Nebel war die
Fahrbahn kaum zu erkennen. Einzig der Mittelstreifen war gerade noch sichtbar. Und daran hielten sich die beiden Kraftfahrer. Beide steckten
die Köpfe zum Seitenfenster des Autos hinaus,
beugten sich so tief wie möglich zur Straße hin-

unter und blickten – natürlich bei langsamer
Fahrt – auf den Mittelstreifen hinunter. Auf diese
Weise tasteten sie sich im Schneckentempo
durch den Nebel. Unglücklicherweise kamen sie
aus verschiedenen Richtungen, und es kam so,
wie es kommen mußte: Genau über dem Mittelstreifen prallten ihre Köpfe zusammen.

D*ie unglücklichste Wallfahrt*

fand in Brasilien statt. Als seine Braut schwer er-
krankte, gab Paul Bomfield ein Gelöbnis ab. Er
versprach, eine Wallfahrt durch halb Brasilien zu
unternehmen, falls seine Braut die Krankheit heil
überstehen würde. Und tatsächlich, die junge
Dame wurde wieder gesund.
Paul Bomfield vergaß sein Versprechen nicht. Er
schulterte ein schweres Holzkreuz und machte
sich auf die lange und mühselige Wanderung.
Doch als er wieder heimkehrte, hatte die junge
Dame einen anderen Mann geheiratet.

D*er duftendste Ausbrecher*

wurde in einer Wohnung in Flensburg gefaßt.
Der Mann war aus einem Gefängnis in Kiel ent-
wichen und seit drei Monaten auf der Flucht. Die
Polizei vermutete, daß sich der Ausbrecher in der
Wohnung eines Verwandten versteckt haben
könnte, und startete eine Hausdurchsuchung – zu-
nächst erfolglos. Dann schnupperten die Polizi-

sten. Es roch nach Knoblauch. Je näher sie einem
Wäscheschrank kamen, desto stärker roch es.
Und tatsächlich: Im Schrank saß der Gesuchte.
Er hatte einfach zu viel Knoblauch gegessen.

Der lästigste Fuchs
trieb sein Unwesen mehrere Wochen lang in einer Wohnsiedlung in Santa Barbara in Kaliforni-
en. Ständig verschwanden Turnschuhe, die
Jogger nachts zum Auslüften vor die Haustür ge-
stellt hatten. Da wurde dem Freizeitsportler Gary
Johnson die Sache zu dumm. Er legte sich auf
die Lauer und mußte zusehen, wie sich ein Fuchs
die Schuhe schnappte und damit verschwand.
Die Diebesroute des Fuchses endete in einem
Bau, in dem sich nicht weniger als 300 Paar
Schuhe befanden.
Biologen sind der Ansicht, der Fuchs habe es weniger auf Schuhe als vielmehr auf den
Fußschweiß abgesehen. Schweiß enthält viel
Salz. Und der Fuchs, sagen die Experten, habe
die Turnschuhe in seinen Bau geschafft, um sie
dort in aller Ruhe auslecken zu können.

Der mißlungenste Einbruch
ereignete sich in einem Haus in Villeneuve
(Frankreich). Ein Einbrecher wollte in das Haus
einsteigen und wurde von der Hausfrau kurzer-
hand verprügelt.

Wie sich herausstellte, wollte die wackere Frau gar nicht auf Einbrecherfang gehen. Eigentlich hatte sie bloß auf ihren Mann gewartet. Ihm wollte sie eine Abreibung verpassen, wenn er wieder einmal spätnachts vom Wirtshaus nach Hause kam. Und dann hatte sie den Einbrecher mit ihrem Ehegatten verwechselt.

Der lauteste Klavierspieler

war der berühmte Pianist Arthur Rubinstein. Allerdings produzierte er sein geräuschvolles Meisterstück nicht mit dem Klavier und auch nicht ganz freiwillig. Als er bei einem Gastspiel in Moskau sein Hotelzimmer bezog, untersuchte er den Raum sorgfältig nach versteckten Mikrophonen und anderen Abhöranlagen. Unter dem Teppich fanden sich etliche verdächtige Drähte. Rubinstein kniff sie mit einer Zange ab. Im Raum unter ihm krachte es furchtbar.

Woher dieses Getöse kam, erfuhr der Pianist am nächsten Tag. Ein Zimmermädchen erzählte ihm, daß ein riesiger Kronleuchter von der Decke auf den Boden gekracht sei. Niemand konnte sich die Ursache vorstellen; niemand außer Arthur Rubinstein. Ihm dämmerte, daß der Kronleuchter an den Drähten unter seinem Teppich gehangen hatte.

Die „flachsten" Taucher

gehörten zu einem Tauchklub aus Cornwall in
England. Sie bereiteten eine Expedition zum
Loch Buidhe im schottischen Hochland vor, um
diesen See zu erkunden. Zu diesem Zweck fuh-
ren sie 1 000 Kilometer weit und schleppten eine
gesamte Tieftauch-Ausrüstung in die Berge.
Dann fanden sie allerdings heraus, daß Loch
Buidhe an seiner tiefsten Stelle gerade mal zwei
Meter tief ist.

Der verwirrteste Tourist

war zweifellos der Amerikaner Nicholas Scotti
aus San Francisco. Mister Scotti wollte seine Verwandten in Italien besuchen. Auf dem Flug nach
Rom machte sein Flugzeug eine Zwischenlan-
dung in New York. Nicholas Scotti stieg irrtümlich aus – und glaubte, bereits in Rom zu sein.
Als ihn seine italienischen Verwandten nicht ab-
holten, schob er die Schuld auf den dichten römi-
schen Verkehr und machte sich auf eigene Faust
auf, die Stadt Rom zu erkunden. Dabei kam er
aus dem Staunen nicht heraus, wie ähnlich Rom
doch einer amerikanischen Großstadt war. Und
Mr. Scotti kam gut zurecht. Fast alle „Italiener",
die er traf, sprachen fließend Englisch.
Es dauerte zwei volle Tage, bis Nicholas Scotti
erkannte, daß er sich in New York und nicht in
Rom befand.

*D*ie betrunkensten Kühe

fand ein Bauer aus Verdun (Frankreich) auf seiner Weide. Die vierzehn Rindviecher lagen auf der Wiese, schnarchten und schliefen tatsächlich ihren Rausch aus. Wie sie zum Alkohol kamen, klärte sich rasch. Ein Sturm hatte Pflaumen von den Bäumen geweht. Die Kühe hatten die Pflaumen mitgefressen, die dann im Bauch der Wiederkäuer zu gären begonnen hatten. Und beim Gärungsprozeß entsteht nun einmal Alkohol.

*D*er untauglichste Briefkasten

stand mehrere Tage vor einem neuen Wohnblock in Paris. Ein Witzbold hatte ein Schild mit der Aufschrift „Vorläufiger Briefkasten" auf einen Müllschlucker geklebt. Drei Tage lang landeten die Briefe der Bewohner im Müll. Bis jemand erkannte, daß der Briefkasten nicht vom Postboten, sondern vom Müllmann geleert wurde.

Allerhand Anschläge

Eine Zeitung veranstaltet ein Preisausschreiben.
Die Preisfrage lautet: „Angenommen, Sie betrachten im Pariser Louvre die unzähligen Werke
alter Meister. Plötzlich bricht ein Brand aus. Welches Bild würden Sie retten?"
Die Antwort des Gewinners lautet: „Das Bild,
das am nächsten beim Ausgang hängt."

Eine Schnapsfirma braucht ein neues Etikett.
Ein Brief geht an alle Graphiker und Zeichner.
Darin steht:
„Wir veranstalten einen Wettbewerb zur Gestal-
tung unserer neuen Etiketten und dürfen Sie herzlich einladen, mit einigen Entwürfen am
Wettbewerb teilzunehmen. Der Sieger wird mit
25 000 Mark prämiert. Bitte haben Sie Verständnis dafür, daß wir die nicht preisgekrönten Ein-
sendungen nicht zurückschicken können."
Ein bekannter Graphiker schreibt folgenden Brief
zurück:
"Ich veranstalte einen Wettbewerb, um den besten Schnaps zu ermitteln, und darf Sie herzlich
einladen, mit einigen Flaschen am Wettbewerb
teilzunehmen. Bitte haben Sie Verständnis dafür,
daß ich die nicht preisgekrönten Schnäpse auf
keinen Fall zurückschicken kann."

Spruch in der U-Bahn:
„Lieber arm dran als Bein ab."

Am Schwarzen Brett der Firma Meier und Co. hängt folgender Anschlag:
„Irgendein mieser Kerl hat mir meinen Hut geklaut. Ich fordere ihn auf, den Hut sofort zurückzuhängen. Der Bestohlene."
Am nächsten Morgen hängt ein anderer Zettel daneben:
„Ich habe Ihren Hut zur Altkleidersammlung gegeben, weil ich mich keinen miesen Kerl nennen lasse. Der Dieb."

Zeitungsanzeige, 7. April: „Zoohandlung Müller, neun weiße Mäuse günstig abzugeben."
13. April: „Zoohandlung Müller, 23 weiße Mäuse billig abzugeben."
15. Mai: „Zoohandlung Müller, weiße Mäuse an Selbstabholer gratis abzugeben, solang der Vorrat reicht."

Lautsprecherdurchsage im Tiergarten:
„Die kleine Maria hat ihre Eltern verloren. Ich wiederhole: Die kleine Maria hat ihre Eltern verloren. Sie können das Kind im Kleinsäugerhaus abholen."

Schild am Tor des Finanzamtes:
„Durchfahrtsbreite 2,50 Meter. Für breitere Fahrzeuge ist die Durchfahrt verboten."

Die Kriminalpolizei rät den Eltern:
„Lassen Sie sich über die Gefahren von Drogen aufklären. Suchen Sie das Gespräch mit Ihrem Kind."

Spruch an der U-Bahn:
„Wer früher stirbt, ist länger tot."

Zeitungsinserat: „Steinzeitlichen Tontopf aus Altersgründen billig abzugeben."

Zeitungsinserat: „Verkaufe gebrauchten Grabstein. Passend für den Namen Hans-Werner Müller."

Schild vor dem Kundenparkplatz: „Nur für Kunden. Parkdauer eine Stunde. Wenn Sie den Parkplatz verlassen, nehmen Sie bitte Ihr Auto mit."

Karin bekommt einen Brief von ihrem Freund aus England. Auf dem Umschlag steht in Mutters Handschrift:
„Irrtümlich geöffnet, um nachzugucken, was drinnen steht."

Schild am Gartenzaun:
„Warnung. Friedlicher Hund. Bissiger Besitzer."

Plakat in einer Kneipe:
„Die verehrten Gäste werden gebeten, sich im
Lokal nur mit dem Mund und nicht mit den Fäu-
sten zu unterhalten."

Schild in einem Sitzungszimmer:
„Wenn Sie schon rauchen müssen, dann atmen
Sie wenigstens nicht aus."

Anschlag an der Tür eines Vortragssaales:
„Bitte um Ruhe. Hier findet ein Vortrag über
Hellsehen statt. Bitte klopfen Sie nicht an. Man
weiß, daß Sie da sind."

Notiz vor dem Waschbären-Gehege im Tiergar-
ten:
„Die Besucher werden gebeten, die Waschbären
nicht zu füttern. Der Direktor."
Darunter hat jemand mit der Hand geschrieben:
„Bitte achten Sie nicht auf diesen Unsinn. Der
Waschbär."

Wasserrohrbruch bei Meiers. Das Wasser läuft
schon die Wände herunter. Verzweifelt wartet
Herr Meier auf den Klempner. Da gehen ihm die
Zigaretten aus. Herr Meier schreibt einen Zettel
und klebt ihn an die Tür. Darauf steht. „Bin in
fünf Minuten wieder zu Hause. Meier."
Als Herr Meier zurückkommt, hängt darunter ein

zweiter Zettel. Darauf steht:,,Ich auch. Der
Klempner.''

Notiz auf der Anschlagtafel in der Berufsschule:
,,Ich bitte denjenigen, der sich vorige Woche
mein Fahrrad im Hof ohne mein Wissen geliehen
hat, das Fahrrad zurückzustellen.''
Darunter hängt eine zweite Notiz.
,,Geht leider nicht. Es wurde mir gestohlen.''

Anschlag in einer Kneipe:
,,An alle Gäste, die trinken, um zu vergessen. Bitte
bezahlen Sie sofort.''

Schild im Kaufhaus:
,,Die Reklamationsabteilung befindet sich im
siebten Stockwerk. Der Aufzug ist leider außer
Betrieb.''

Zeitungsinserat:
,,Suche neues Heim für dreijährigen Schäferhund. Fast menschlich, aber sonst gut erzogen.''

Schild im Zimmer eines Hotels:
,,Die verehrten Gäste werden gebeten, im Bett
nicht zu rauchen. Die Asche, die zu Boden fällt,
könnte die eigene sein.''

Schild in der Auslage eines Optikers:
,,Wenn Sie diesen Text nicht lesen können, brauchen Sie eine neue Brille.''

Schild an der Autobahn:
,,Kraftfahrer, die Benzin sparen wollen, werden gebeten, den rechten Fuß zu heben.''

Anschlag im Pausenraum:
,,Wenn der Fußboden voll ist, kann man Abfälle auch in den Abfalleimer werfen.''

Schild an der Tür des Tierarztes:
,,Komme sofort wieder. Platz!''

Zettel an einem Weidezaun:
,,An alle Wanderer, die glauben, die hundert Meter in zehn Sekunden laufen zu können: Mein Stier braucht nur neun Sekunden.''

Am Schwarzen Brett der Firma ist folgender Anschlag zu lesen: ,,Was kann die Direktion tun, damit alle Mitarbeiter auch pünktlich mit dem Klingelzeichen die Arbeit aufnehmen?''
Darunter hat jemand geschrieben:
,,Der letzte, der kommt, soll klingeln!''

Lieber Kies in der Tasche als Kalk im Hirn.

Welcher Mangel ist am leichtesten zu ertragen?
Der Lehrermangel.

Lieber Schule als überhaupt kein Schlaf.

Lieber eine Sechs im Zeugnis als gar keine
persönliche Note.

Lieber Mikrowelle als Dauerwelle.

Lieber Rosinen im Kopf als ein Brett davor.

Lieber Pflaumengeist als gar keinen.

Ich weiß, daß ich nichts weiß. Und nicht einmal
da bin ich mir sicher.

Ein Lehrer ist jemand, der hilft, Probleme zu lösen, die man ohne ihn nicht hätte.

Die Schule ist die Antwort. Aber was war die
Frage?

Wer Ordnung hält, ist bloß zu faul zum Suchen.

Schild in der Autowerkstätte:
,,Wer den Schaden hat, braucht für den Schrott
nicht zu sorgen."

Aus Schülermund

Wenn ich nicht jeden Tag um halb sieben einen Aufstand mache, komme ich nicht rechtzeitig zur Schule.

Mein kleiner Bruder ist erst ungefähr drei Monate alt. Da ist klar, daß er noch nicht überall mitreden kann.

Ein Kind braucht seine Eltern, weil ein Kind Liebe braucht und dreimal täglich was zu essen.

Leerlauf nennt man es, wenn die Lehrer nichts zu tun haben und bloß herumlaufen.

Unser Hund ist so dick, daß er den ganzen Tag im Garten spaziersteht.

Bevor meine Schwester auf die Welt gekommen ist, haben meine Eltern einen anderen Hund gehabt.

Ich habe meine Katze lieber als meinen großen Bruder. Von ihr hört man nie ein böses Wort.

Mein Bruder ist älter als ich, weil er früher zur Welt gekommen ist.

Meine Mutter sagt, wir sind eine schwererziehbare Familie, besonders Papi.

Beim Schulausflug war ich der erste am Bahnhof. Ich versammelte mich allein, bis die anderen kamen.

Ich bin mit Papi auf der Luftmatratze auf den See hinausgepaddelt. Dort fuhr ein Dampfschiff. Aber als wir hinkamen, war es schon über alle Berge.

Oft nehmen Polizisten Hunde mit auf den Streifengang, weil sie besser riechen.

Früher gab es auf den Straßen noch viel mehr Fahrräder. Heute fahren sie meistens mit dem Auto.

Picknick nennt man es, wenn man im Freien etwas ißt und die Vögel kommen her und picken die Brösel.

Der Freund meiner Schwester ist ein Sportler. So zieht er sich auch an. Sogar im Winter hat er immer ein offenes Hemd und Hose.

Ich mag Weihnachten nicht besonders. Immer gibt es Karpfen. Der hängt mir langsam zum Hals raus.

Am liebsten lese ich ein Buch, wenn ich es schon gelesen habe. Dann muß ich es nicht mehr lesen.

Der Kotflügel am Fahrrad dient dazu, daß es nicht hinunterfällt.

Wenn ich groß bin, werde ich Krankenschwester, weil es schön ist, wenn die Leute krank werden und wenn man sie pflegen kann.

Wenn in der Nacht ein Einbrecher ins Haus kommt, dann verstecke ich mich unter dem Bett und bin ganz still und rufe meine Eltern.

Im Schwarzwald sind wir wandern gegangen. Wir sind in der Früh losgezogen und haben Sachen zum Essen mitgehabt, Brot und Äpfel und unseren Hund.

Ob der griechische Dichter Homer überhaupt gelebt hat, ist nicht sicher. Sicher ist aber, daß er blind war.

Ohne seinen Vater wäre Alexander der Große nicht denkbar.

Als Maria und Josef schwanger waren, bekamen sie ein Kind.

Die Ziege wiegt ungefähr 60 Kilo, also fast so viel wie eine Menschenfrau.

Früher waren die Schwarzen in Amerika Neger.

In der Steinzeit erstreckte sich das Mammut über ganz Europa.

Die Fischbabys nennt man Leichen. Trotzdem werden sie später zu Fischen.

Mit einem Schiedsrichter darf man nicht zu streng sein. Er hat auch nur zwei Paar Augen.

Mein Vater ist zur Versammlung der Ortsbauern gegangen, weil die Schweine zu viel fressen.

Der Strand in Florida hat mir nicht gut gefallen, weil er hundert Meter vom Wasser entfernt war.

Das Osterfest bedeutet mir nicht viel, höchstens zehn Tage Butterbrot mit harten Eiern.

In dieser Reihe sind bereits erschienen:

Das Buch der 1000 Fragen und Antworten

Das Buch der 1000 Quizfragen

Das Buch der 1000 Rekorde

Das Buch der 1000 Schülerwitze

Das Buch der 1000 Sensationen

Das Buch der 1000 Kinderwitze

Das Buch der 1000 Tricks und Rätsel

Das Buch der 1000 Kinderfragen

1000 Rätsel der Urzeit